東北アジア平和共同体構築のための課題と実践

「IPCR国際セミナー2013」からの提言

世界宗教者平和会議日本委員会 編
山本俊正 監修
金 永完 監訳

アーユスの森新書
010

はじめに

世界宗教者平和会議（ＷＣＲＰ）日本委員会理事
関西学院大学教授
山本俊正

英国を代表する日本政治の研究者であるオックスフォード大学名誉教授のアーサー・ストックウィン氏は、戦後日本の民主主義の独特な特徴について、以下の三つを挙げている。「一つは保守勢力による一党支配の時代が長く続いたこと。もう一つは、官僚制が非常に強い影響力を持っていたこと。最後の特徴は、軽武装路線。憲法九条により軍事力とその使用が制約されたこと」。この三番目の特徴を大きく方向転換する歴史的な出来事が、二〇一五年の夏に起きた。安保法制が強行採決されることにより、集団的自衛権の行使が容認され、憲法九条が実質的に空洞化されたことである。日本がこれまで維持してきた「軽武装路線」から軍事力の行使による「戦争ができる国」への方向転換がさらに進もうとしている。

旧約聖書、「イザヤ書」二章四節に「彼らは剣を打ち直して鋤とし、槍を打ち直して鎌とする」という言葉がある。ニューヨークの国連本部前に、この句に基づいたモニュメントが置かれている。実は、旧約聖書の「ヨエル書」四章一〇節には、これとはまったく正反対の言葉が書かれている。そこには「鋤を剣に、鎌を槍に打ち直せ」とある。こちらの方が、当時の現実に近かったのかもしれない。近代のような軍隊がなかった時代、敵からの攻撃を防御するためにも、一般の農民にこう呼びかけたのである。人々は農具を武器に作り変えて戦いに臨んだ。「イザヤ書」では、この句を逆転させて、武器を捨てて平和を選び取る意思、「戦わない」意思を明確に示している。これは、戦後日本の「軽武装路線」、憲法九条ができた時の動機に、非常によく似ている。預言者イザヤが活躍した紀元前八世紀は、イスラエル民族の二つの王国のうち、北のイスラエル王国がアッシリアに攻め滅ぼされ、南のユダ王国も戦乱の悲惨に巻き込まれていた。国土は荒廃し、人々は傷つき、滅亡はかろうじてまぬがれ国は維持されたものの、敗残の小国としてアッシリアの支配に屈したユダ王国は無力感と絶望とに打ちひしがれていた。この時に預言者イザヤは、いつの日か、このユダ王国の首都エルサレムを多くの国々が敬意を持って仰ぎ見ることになると告げたのである。しかしそれは、みすぼらしい敗戦国が、いつか軍事力を回復し、他の国々を支配し君臨する、という復讐の宣言ではなかった。そうではなく、「国は国に向かって剣をあげず、もはや戦うことを学ばない」（「イザヤ書」同前）と指摘されている。その結果として、この国が世界に仰がれるようになると主張したのだった。敗戦国の目指す道は、再び力をつけて復讐をはかるのではなく、もはや戦いを捨て、「戦わない」意思を明確に示すことにあるはずだと述べている。

「われらは、平和を維持し、専制と隷従、圧迫と偏狭を地上から永遠に除去しようと努めてゐる国際社会において、名誉ある地位を占めたいと思ふ」と日本国憲法の前文にも書かれている。かつての日本も、まさしく「鋤を剣に、鎌を槍に」して、戦いに臨んだ。武器を造るためにありとあらゆる金属が集められた。銅像や寺院の鐘までも金属資源として供出させられたことは、よく知られている。敗戦後に定められた日本国憲法は、もはや「戦わない」意思を明確に示したものであった。個人ではなく、国家が「非暴力宣言」をしたことで、世界の国々から敬意をもって迎えられた。新憲法施行直後、文部省は『あたらしい憲法のはなし』という教科書を作った。そこには「こんどの憲法では、日本の国が、けっして二度と戦争をしないように、二つのことをきめました。その一つは、兵隊も軍艦も飛行機も、およそ戦争をするためのものは、いっさいもたないということです。……しかしみなさんは、けっして心ぼそく思うことはありません。日本は正しいことを、ほかの国よりさきに行ったのです。世の中に、正しいことぐらい強いものはありません。」と書かれている。

作家の落合恵子氏が書いたエッセイの中に、視覚障害者を助ける「盲導犬」の訓練を紹介した文章がある。「盲導犬」の重要な訓練の一つに、「賢い不服従」と呼ばれる訓練があるという。通常「盲導犬」は「主人」の指示に従い、行きたいところに同伴するのが役割だ。しかし、「盲導犬」がここは危ない、行くべきではないと判断した場合、「主人」の「行け」という命令があっても従わず、断固として「不服従」を貫く訓練が「賢い不服従」である。日本では、二〇一六年七月一〇日に行われた参議院選挙の結果、参議院の「改憲」勢力が三分の二に迫り、改憲が現実味を増していることが報道されている。

戦後、東北アジアの平和と安全に寄与してきた日本国憲法九条が変えられ、日本政府から「戦争に行け」という危険な命令が出される時代の到来が近づきつつあるのかもしれない。私たちは「盲導犬」のように「賢い不服従」を貫くことができるのかが問われることになる。私たち市民や宗教者は、その問いへの準備をしなければならないのかもしれない。

ＩＰＣＲ（韓国宗教平和国際事業団 Internatinal Peace Corps of Religions）国際セミナーは二〇〇九年より、「東アジア平和共同体の構築」を主題に、国際社会の役割や宗教の果たす役割を副題として毎年、開催されている。二〇一三年のセミナーは、初めて日本で開催となった。毎回、日本、韓国、中国の宗教者、研究者、ＮＧＯ、ＮＰＯの代表が集い、叡智を集め、平和のネットワークを形成している。戦争と暴力の時代が二度とこの地域を席捲することがないことを願い、平和を創り出そうとする小さな試みが継続されている。

東アジアにとって、二〇世紀は、侵略と戦争、植民地支配、民族解放戦争と争いの世紀であった。そして二〇世紀の前半（一九四五年まで）において、朝鮮、中国、東南アジアに侵略し、暴虐を尽くしたのは、他ならぬ大日本帝国であった。周辺諸国より、一足早く近代化を遂げた日本は、強大な軍を率い、暴力によって東アジア地域に覇権を拡大した。被害者であったアジアの人たちは、このことを容易に忘れることはない。その日本がアジアの中で、七〇年以上もの間、戦争をせずに、他国を攻撃することもなかったという事実は、近現代史の中でも珍しいことだ。

現在の日本における保守政治の安定と右傾化、東北アジア各国間に横たわる領土問題や歴史認識の相違に起因する相互不信の顕在化、さらに各国におけるナショナリズムの台頭は、ますます域内の軍事的緊張を高める要因となっている。東北アジア地域の非国家主体である自治体、市民社会、宗教者、NGOが、国境を越え相互の信頼関係を深め、平和のネットワークを再構築し、強化することが現在さらに求められている。

二〇一三年七月四日から六日まで、立正佼成会横浜普門館（神奈川県横浜市）を会場に、第五回IPCR国際セミナーが開催された。韓国の社団法人であるIPCR、KCRP（韓国宗教人平和会議）が主催し、WCRP（世界宗教者平和会議）日本委員会が共催した。韓国文化体育観光省、ACRP（アジア宗教者平和会議）が後援した。主題は「東北アジア平和共同体構築のための課題と実践」、副題は「共にすべてのいのちを守るための共通基盤を求めて」であった。日本、韓国、中国の宗教者、学者、市民団体代表など約四〇人が参加した。前年、二〇一二年のセミナーにおいては、東北アジアの平和共同体を構築するにあたり、その共通基盤と倫理規範を政治、経済、社会・文化の側面を切り口として、討議が展開された。今回のセミナーでは前年の議論を踏まえ、右記の主題及び副題をめぐって、三名の基調講演に続き、①第一セッション「いのちと自然環境」、②第二セッション「いのちと国際協力」の両側面から、東北アジア平和共同体構築のための課題と実践が議論された。それぞれのセッションにおいて基調発題がなされ、各セッションではこの発題に対して、日・韓・中、複数の参加者が応答発表を行い、基調発題と応答発表に基づいて活発な討議が行われた。最後の③第三セッション（まとめ）では、今回のセミナーでの議論の振り返り、今後の進め方について討議され、各議論、提案の具体化、次回セミナーを韓国で開催することが提案された。

以下はセミナーの概要及び各発表者の論題である。

第一日目（七月四日）、参加者の登録と受付の手続を経た後、主催者による歓迎夕食会が開催された。歓迎レセプションでは、庭野日鑛ＷＣＲＰ日本委員会会長（立正佼成会会長）が開会の挨拶に立ち、「東北アジアに平和共同体を構築する共通の宗教的基盤を探求していくことは、非常に大きな意義を持つ」と話し、セミナーの成果に期待を寄せた。その後、金英周ＫＣＲＰ共同会長（韓国キリスト教教会協議会総幹事）が挨拶を行い、「平和を築くことは政治家というより、我々宗教者の役割」と述べた。さらに、韓国国会議員でもある金星坤ＡＣＲＰ事務総長より挨拶がなされた。金氏は、「平和共同体の構築のために最も重要なことは、心と心でつながること。三国の国民の心をつなぐのは宗教者の役割」であることを強調した。最後に、杉谷義純ＷＣＲＰ日本委員会理事長（天台宗宗機顧問）が韓国、中国からの参加者を含め、セミナー参加への感謝と活発な議論の展開を期待し、閉会の挨拶を述べ、レセプションを終えた。

第二日目（七月五日）午前は、セミナーの基調講演を広く公開講座として開催した。公開講座には一般参加者、約一〇〇名が聴講し、韓・中・日から三名が講演した。三氏の講演に先立ち、卞鎮興ＫＣＲＰ事務総長が、ＩＰＣＲ国際セミナーのこれまでの経緯とその趣旨について説明した。続いて、金英周共同会長・黄信陽ＣＣＲＰ（中国宗教者和平委員会）副事務総長（中国道教協会副会長）・眞田芳憲ＷＣＲＰ日本委員会平和研究所所長の三氏がそれぞれ基調講演を行った。金氏は、韓国・中国・日本は歴史的にも地理的にも関係が深く、別々に歩むことは難しいことを指摘した。宗教者は、三国間に存在する諸課題から目をそらさず、肯定的な態度で向き合うべきであることを強調した。またその上で、人類の幸福に奉仕する共同体構築のため、平和と正義を呼びかける実践が必要であることを訴えた。黄氏は、中国仏教協会の会長を務めた趙樸初師と庭野日敬師（元ＷＣＲＰ日本委員会理事長、立正佼成会開祖）との交流を述懐した。中日両国の友好に貢献し、深い友情によって結ばれた二人の平和精神をいま一度学ぶことの重要性を強調した。眞田氏は、自然環境やエネルギー問題は世界に共通する普遍的課題であると指摘した。宗教者は個人の救済にとどまらず、市民社会、政府、国際機関など多様な分野の人々と対話を続け、普遍的課題に取り組むことが必要との認識を示した。

基調講演の終了後、特別セッションとして、篠原祥哲ＷＣＲＰ日本委員会仙台事務所所長が、東日本大震災復興事業に関して、二〇一一年以降の同委員会の取り組みについて報告した。最後に、樋口美作氏ＷＣＲＰ日本委員会監事（日本ムスリム協会理事）が、三国間の相互理解の重要性に触れ、閉会の挨拶を述べた。

公開講座、特別報告に続いて、「いのちと自然環境」、「いのちと国際協力」をテーマに第一セッション、第二セッション（第三日目、七月六日午前）、第三セッション（同日午後）が行われ、基調発題、パネル応答発題を受けて、活発な討議がなされた。各セッションの発題者は以下の通りである。

第一セッション「いのちと自然環境」

基調発題

李賛洙（韓国）自然法則と「緑（Green）」の平和――原子力廃止のために

応答発表

華夏（中国）「天人合一」思想と生態文明の建設

性圓（韓国）仏教の縁起法的観点から見た東北アジア共同体の必要性

薗田稔（日本）生態系保全の宗教倫理

馬玉祥（中国）「天人合一」――自然を慈しむ

第二セッション「いのちと国際協力」

基調発題

山本俊正（日本）「平和への権利」の協働を目指して

応答発表

馬俊威（中国）未来志向の中・日・韓三カ国協力について

金容暉（韓国）「「平和への権利」の協働を目指して」を読んで

大西英玄（日本）いのちと国際協力

梁徳昌（韓国）「「平和への権利」の協働を目指して」に対する論評

本書は、この国際セミナーにおける基調講演及び各セッションでの発表・報告を時系列に整え、編集したものである。各セッションでの討議では、参加者の提出した論文、報告に対して多くの意見、提案が寄せられ、実りある議論が展開された。紙面の制約もあり、以下はそれらのほんの一部であるが、監修者の印象に残った発言内容を紹介し、議論が持つ意味について主観的に短く解説と報告を試みたい。

第一は、第一セッションの基調発題で李賛洙氏（韓国）が提起した自然環境と原子力の関係性についてである。李氏は「私たち人間が自分たちの都合のみを考えて自然法則を利用し、自然を完全に支配できるという考えは錯覚である」と指摘している。また、「原子力は自然を極めて高い程度で統制し、危険性が高い技術であるため、災害が起こる可能性が高い」としている。その上で、李氏は福島原発事故を例に挙げ、眼前の利便性を追求するための技術は人類全体の生存を脅かす危険性があることを警告している。李氏は、人間は自然の一部に過ぎないという観点から、個人の生き方や社会のあり方、私たちの倫理性を自然の秩序との関係において再構築することを勧めている。

私たちが、自らの日常生活を超えたスケールの大きな問題、例えば自然環境問題や資源問題を議論する場合、解決のために通常二つの立場が登場する。技術主義と精神主義の立場である。原発問題を例にとるならば、技術主義の立場からは、問題の解決は科学技術の新たな進展や開発によって可能であると主張される。一方精神主義の立場からは、問題の根底にあるのは、例えば「貪欲な資本主義、経済成長主義」であるとされる。原発事故の解決策も、技術主義の立場からは、核融合制御技術、核廃棄物処理技術、汚染水処理技術等々を改善、改良、開発し、より安全な原発の再稼働と建設推進が提唱される。同様に、脱原発の主張も技術主義の立場からは、地球のエネルギー資源の枯渇を視野に入れた太陽熱利用技術、バイオマス開発技術など、自然エネルギーの技術開発を総合して、対策を立てることが肝要であると提唱される。一方、精神主義の立場からは、宗教的倫理観のみならず技術発展の価値となる「最大多数の最大幸福」に代表される功利主義的倫理観に基づく原発推進の主張がなされる。また同様の文脈から、経済効率を最優先する価値を負の側面からとらえ、前述の「貪欲な資本主義、経済成長主義」からの脱却による脱原発が主張される。

福島原発事故に関連する日本国内の議論は、技術主義の立場からの論争が圧倒的に多数を占めている。哲学者の花崎皋平氏は福島原発事故の一カ月後、ドイツを旅行して、ドイツの主要新聞がカトリックの聖職者や哲学者の寄稿による、日本の新聞には見られない非常に明確な主張の脱原発特集記事を掲載したことを目にし、以下のように述懐している。

「日本の新聞で核エネルギー利用についての倫理というようなことが話題にされたことはない。消費の抑制、人間の生活における根元的な節度とか、そのスピリチュアリティといったことが論じられることもない。要するに哲学も倫理もお呼びではないのである。」（季刊ピープルズ・プラン、二〇一一年五四号、「ドイツの脱原発論に接して」）また、ドイツのメルケル首相は福島原発事故の約一カ月後、四月一六日に原子力発電所の運転期間を短くする法改正を行うと発表し、原発廃止への政策転換を表明している。この迅速な決定の背景には、原発問題を倫理的な角度から検討する連邦政府から委託された審議会が存在し、これまでも倫理的な議論が重ねられてきたことによる。審議会のメンバーには宗教界の聖職者、哲学者が含まれている。日本では考えられないことである。中国や韓国ではどうであろうか。本セミナーの基調講演の中で、眞田芳憲氏は福島の原発事故がもたらした世代間倫理の問題を以下のように指摘している。「未来世代の犠牲の上に、現世代が安楽かつ便利な生活を享受することは、倫理的に、いや人間として許されるのか――福島の原発事故は、私たちに人間とは何か、生きるとは何か、幸せとは何か、社会とは何か、国家とは何か、文明とは何かを根源的に問いかけている。」日・中・韓の宗教者は原子力や自然環境の問題に関して、技術主義の立場からの議論を踏まえつつ、技術の奥底にある本質の領域での問題点、宗教的、精神的、霊的、倫理的な観点からの見識を積極的に発言し共有することが、ますます求められているのではないだろうか。

第二は、第一セッションの応答発表で中心的に議論された「天人合一」思想と東北アジアに共通する伝統、多様な宗教との関係性についてである。華夏氏（中国）は中国古代の農耕社会に起源を発する「天人合一」の思想が、歴史上多くの中国の思想家によって異なる視点から提唱されていることを指摘している。例えば老子は、「万物は自然に従い、決してそれらを妨げるような行動をしない」とし、道家も同様に「人と自然という客体間の統一を求めている」という。この万物が自然に従うことの強調は「自然を至高の地位に押し上げ、人と生態とを同じステージに置き、一つの有機体と見なす」こととなる。自然を至高の地位に押し上げ、人と生態とを同一化する思想は日本の神道にも共通している。薗田稔氏（日本）は、神道の立場から、日本の「虫供養」や「草木供養」の習俗を取り上げ、日本人の万物共生観、生命倫理観を解説している。特に、神道文化における先祖や自然のはたらきを目に見えぬ「いのち」の霊性として神と同一化し、神々を祀ることを通して神人一体の共存共栄を祈る世界を紹介している。薗田氏はさらに、「物質文明」から、スピリチュアルな「生命文明」の実現へと移行することを呼びかけている。馬玉祥氏（中国）は中国における自然環境に対する取り組みを紹介しながら、「天人合一」の文化を解説し、人と自然の調和ある共存を訴えている。また、仏教、道教における自然界全体の調和に関する教えを紹介し、宗教が、人々を物欲から解き放ち、心の底から道徳や責任、慈悲の力が湧くように導いていることを強調している。性圓氏（韓国）は仏教の縁起法的観点から見ると、「人と人、人と自然、自然と自然、そして社会全体が相互依存的関係」にあることを説明している。また縁起法的観点から観察すると、「生命と環境」というテーマ設定自体に大きな意味がないことを示唆している。

これら四氏の応答発表の議論で、特に言及されなかったのがキリスト教における人間と自然の関係である。短く補足と解説を試みたい。環境問題を倫理的に考察する場合、過去においてかならず議論に登場したのが、環境破壊の元凶はキリスト教倫理であるという批判であった。この分野の古典とされる著作にリン・ホワイトの『機械と神』やジョン・パスモアの『自然に対する人間の責任』が挙げられる。また、環境破壊の元凶とされた聖書のテキストは、旧約聖書の「創世記」一章二六節である。以下のように書かれている。「神は言われた。「我々にかたどり、我々に似せて、人を造ろう。そして海の魚、空の鳥、家畜、地の獣、地を這うものすべてを支配させよう。」」（なお、「我々」とあるのは、神が複数いるという意味ではなく、単数者である神への尊敬を表す複数表現）。特に問題視されたのは、人間こそが自然を「支配」する権限を持つと解釈される「ドミニゥム・テラエ（地の支配）」の記述であった。この「ドミニゥム・テラエ」の思想が、自然を対象化し科学を発展させ、ひいては環境破壊を引き起こした元凶とされた。しかし、キリスト教側からの反論も展開された。複数の神学者、聖書学者よって聖書に書かれているヘブライ語の「支配する（ラーダー）」あるいは「従わせる（カーバシュ）」といった言葉は、独裁的な征服という意味もあるが、神の委任によって地上の秩序に責任を負うと解釈もできることが指摘されている。また、この「支配」の意味は、「羊飼い的支配」を意味し、羊が群れから迷い出ないように、羊の群れをコーディネートする役割が含意され、羊を守り育むために秩序を保つような支配を意味すると主張された。キリスト教批判を展開したパスモアも、この「支配」の意味の二重性を認めている。パスモアは、「支配」には二つの意味が存在し、第一の意味は「専制君主的支配」、第二が「羊飼い的支配」としている。その上で、西洋思想史の中では、第一の「専制君主的支配」という解釈が優勢であったことを指摘している。それは、自然を神としない点に聖書の特徴があり、この思想が原因となって西洋において技術を中心にした文明が栄えることになったと分析している。パスモアによれば、聖書自体に問題があるのではなく、歴史に現れた聖書の解釈に問題があるとしている。パスモアによると、自然が人間のために存在するという概念はギリシャ思想のストア派に見られ、古代キリスト教がこの影響を受けたのではないかとしている。すなわち、「専制君主的支配」という解釈が優勢になったのは、人間中心的なギリシャ思想によるキリスト教的伝統に基づいており、ヘブライ思想によるキリスト教的伝統では支配を「羊飼い的支配」と考えることが適切であると述べている。現在、環境問題、とりわけ気候変動や温暖化の問題に関して、世界のキリスト教会ではプロテスタント、カトリックが共同して活発な取り組みが展開されている。キリスト教において、自然は人間の目的に合わせて変更してもよいという人間中心主義の価値観、倫理観は大幅に修正されている。

第三は、第二セッション及び第三セッション（まとめ）の中で議論された、今後の日・中・韓の連携及び実践の共通基盤についてである。主要な発言は以下の通りである。第二セッションでは、基調発題を通して、国連の人権理事会が平和を一人一人の権利として、

「平和への権利」を規範化しようとしている動きが報告された。平和の主体が国家ではなく人間であり、戦争によって「いのち」への脅威が高まった時でも、国民や市民社会が国に対して平和を求めることによって、その脅威から解放される権利を個人が持っていることが確認された。今後の「東北アジア平和共同体構築」の取り組みにおいて、その担い手が国家のみに限定されるのではなく、共同体を構成する私たち一人一人であることが再確認された。これとの関係では「東北アジア平和共同体構築」を実現するための共通基盤の一つとして、日本の平和憲法がその機軸になることが提案された。

馬俊威氏（中国）は、三国の実践的取り組みの共通基盤として、信頼関係をさらに強化し、政治的に微妙な問題となる領土問題などの負の影響を避けること、また政治問題の解決のための仕組みを構築することが必要であるとした。他国の発展と自国の発展を一つのつながりとしてとらえ、中・日・韓が連携して経済の一体化を実現することが、「東北アジア平和共同体構築」の共通基盤として重要であることを訴えた。大西英玄氏（日本）は、宗教者による、文化交流、交換留学、諸宗教対話等の既存交流を三国でさらに促進し、小さな「縁」の入り口をさらに広げることが「東北アジア平和共同体構築」の共通基盤になることを強調した。梁徳昌氏（韓国）は、共同体構築のための具体的な実践として、東北アジアの平和と和解をもたらす宗教者の祈りの会の開催、戦争、核保有、自然破壊などを克服するための東北アジア宗教者によるキャンペーンの展開を提案した。金容暉氏（韓国）は、「平和の権利」を共通基盤とする今後の実践が重要であることを指摘し、具体的方策や課題を明確にすることを提案した。

卞鎮興氏（韓国）は、まとめ（第三セッション）において「天人合一思想」の本質が、日・中・韓三国に共通する霊性として存在していることを挙げ、共にすべての「いのち」を守るための共通基盤とすることを提唱した。宗教者によって、東北アジア全体で経済を優先する利益中心主義を制御することができるならば、霊的な共通基盤を基軸にして相互の「いのち」を生かしながら、自然と共存共栄する方向に共同体を転換することが可能となる。卞氏は、このことが実現されるならば、「倫理的革命」と呼ぶことができるであろうと、行動目標を表明した。また、日本の原発事故や憲法「改正」問題は東北アジア全体の共通関心事であることが確認され、祈りの集いや平和教育といった具体的なアクションプランを作り、実施に向けたタスクフォースチームの設立が提案された。

本書の公刊に先だって、二〇一〇年、八月二四日～二七日に開催された「東アジア平和共同体の構築と国際社会の役割」を主題とする、「第二回ＩＰＣＲ国際セミナー」の報告と議論が、眞田芳憲氏の監修の責任で出版されている。また、引き続いて、二〇一一年、九月一五日～一七日に開催された「東アジア平和共同体の構築と宗教の役割」を主題とする、「第三回ＩＰＣＲ国際セミナー」の報告書、さらに、二〇一二年六月九日～十一日に開催された「東北アジア平和共同体構築のための倫理的課題と実践方法」を主題とする、「第四回ＩＰＣＲ国際セミナー」報告書が「アーユスの森新書」として出版されている。本書は「第五回ＩＰＣＲ国際セミナー」に基づく同新書所収四冊目の刊行本となる。

これまでのセミナーでも繰り返し指摘され、議論されているが、東北アジアの国々、日・中・韓は経済的には強く結びついている。他方、近代以来の歴史的経緯から深刻な分断が続き、冷戦状況が残っている。相互信頼は非常に弱い。特に、この過去の歴史的経緯には、日本が軍国主義国家として深い爪痕を残している。国家間の対話と協力に平行して、国家の枠組みを超えたＮＧＯ、市民団体、宗教者の出会いと交わり、協働の取り組みと実践の必要が今回のセミナーでも再確認された。本書を通して、各国からの参加者の発表、議論、そして出会いの大切さを、多くの読者と共有できれば幸いである。

本書の公刊にあたっては、実に多くの方々のご協力とご支援をいただいた。

第一に、金星坤事務総長のご理解とご支援をいただき、これまでと同様、著作権に関わる問題を解決することができた。金事務総長のご尽力に重ねて謝意を表したい。また、本書出版の企画について交渉の労をとり、出版業務の遂行に万全の態勢を整えてくれたWCRP日本委員会事務局長の國富敬二氏、同じく渉外部長の和田めぐみ氏と三善恭子氏には、その多大な努力に心より感謝したい。

第二に、参加者の報告原稿の翻訳について、韓国語及び中国語から日本語への翻訳作業及び、すでに翻訳された文書を精査していただき、監訳を一手に引き受けてくださった中国山東大学副教授の金永完氏に、心から敬意を表し、感謝を申し上げたい。金永完教授の献身的で正確な翻訳作業と監訳へのご尽力がなければ、本書が刊行されることはなかったであろう。なお、邦訳された原稿については、最終的に監修者が目を通し、日本語としての正確さや的確さを検討・精査した。翻訳を含め本文についての責任は監修者である私にあることをここに明記しておく。

最後に、翻訳原稿及び全体の原稿の編集、校正、校閲に際して、中央学術研究所学術研究室長の藤田浩一郎氏、ならびに佼成出版社図書編集の編集長横山弘美氏および大室英暁氏に数々のご協力とご教示をいただいた。心からお礼を申し上げ、感謝の意を表したい。

二〇一六年七月

東北アジア平和共同体構築のための課題と実践——目　次

第二セッション　「いのちと国際協力」

趣旨説明

韓国宗教人平和会議（ＫＣＲＰ）事務総長
卞　鎮興

本日、第五回ＩＰＣＲ（韓国宗教平和国際事業団）国際セミナーを立正佼成会横浜普門館で開催できるように配慮してくださった世界宗教者平和会議（ＷＣＲＰ）日本委員会（Religions for Peace Japan）の庭野日鑛会長と杉谷義純理事長、そして真心を込めて実務的な準備をしてくださった畠山友利事務局長に、心から感謝を申し上げます。また、この国際セミナーの成功のために参加してくださった中国と韓国の代表団の方々にも、深く感謝を申し上げる次第です。

今回の国際セミナーを五回目と申し上げましたが、昔から東洋では人間の身体、即ち頭と四肢を合わせて五体と表現してきました。「五」という数字が、人体のことを表す際には体全体を指すのと同じように、今回五回目を迎えたこの国際セミナーも、これから成熟した姿と内容を備えるようになっていくと解釈したいです。

二〇〇九年に開催された初回のセミナーでは、主に平和教育の問題が扱われました。そのセミナーには、アジアをはじめ、中東とアフリカの紛争地域で活躍してきた現場の活動家の方々が参加しましたが、彼らは全地球的平和が切実に求められている厳しい現実を訴えながら、平和教育の必要性を強調しました。

二〇一〇年開催のセミナーからは、韓・中・日三国が共同参加するというこの国際セミナーの特徴を生かし、三国における宗教者が共通の志向を見出すことに志を合わせるようになりましたが、それによって「東北アジア平和共同体の構築」という共通のテーマを設定するに至りました。その際、アジア宗教者平和会議（ＡＣＲＰ）事務総長金星坤博士は基調講演を通じて、「東北アジア三国は、どのように過去における葛藤を治癒し、どのように共存と協力のための平和共同体を構築していくべきか」という問題を提起し、各セッションでは東北アジア平和共同体の構築に求められる宗教の役割について大いに議論されました。

二〇一一年のセミナーにおいては、「東北アジア平和共同体の構築と宗教の役割」をテーマにし、眞田芳憲中央大学名誉教授に基調講演をしていただきました。眞田教授は「政府間の対話や葛藤の調整だけでは平和は成就し得ない」ということを強調され、「一つの共通した宗教が存在しない東北アジアでは、多様な諸宗教間の対話と協力が重要であり、当面の課題として、アジアの平和のためのアイデンティティになり得る普遍的な共通倫理を創出することが求められる」と強調されました。結論的に東北アジア平和共同体の構築のためには、共通の倫理的基盤が設けられなければならないということです。そして、セミナーの成果を総括するにあたって、これからは韓・中・日三国による平和会議を、交代で開催する必要があるという意見が提起され、まずWCRP日本委員会に日本での開催の検討をお願い致しました。この結果、この度、ここ横浜で第五回セミナーが開催されるに至ったわけであります。

二〇一二年のセミナーでは、「東北アジア平和共同体構築のための倫理的課題と実践方法」をテーマと致しました。これは、東北アジア平和共同体の構築のための共通の倫理的基盤づくりに必要な現実的な諸課題を見出そうとするものでありました。政治的な課題を扱った日本の元参議院議員犬塚直史氏は、自然災害をはじめさまざまな災難が発生した際に宗教者が協力して対応するために「国際緊急人道支援部隊」を創設しようと提案されました。これは一種の「人間の安全保障」の概念が拡張された「支え合う安全保障」の枠組みづくりを提案したもので、直ちに実践するには困難があるとはいえ、三国の宗教指導者には、東北アジア平和共同体の構築のために、いずれ取り組まねばならない実践的課題として受け止められました。

また経済的な観点から、東北アジア経済共同体の構築に必要な倫理的課題を扱った韓国の孫炳海教授は、儒教的価値を共有してきた韓・中・日三国の倫理的経済観を回復させ、これに基づく倫理的市場経済秩序を創り出し、東北アジアの共存秩序を尊重する平和共同体への道を開いていくべきことを強調しました。一方、中国宗教者和平委員会（ＣＣＲＰ）の刀述仁副主席は、韓・中・日三国の宗教者が共に「平和・発展・協力」に取り組み、「求同存異」（相違点は残したまま、共通点を得るべく努めること）の旗幟の下で、東北アジア地域の友好的な交流の伝統を繋げていく平和発展のプロジェクトのために力を合わせていくことを唱えました。

以上、四回にわたって行なわれた国際セミナーの成果を基にして開催される第五回セミナーは、その画期的な形式と内容によってさらなる地平を切り開くきっかけとなるでありましょう。まず、開催場所がここ横浜になり、中国と韓国の参加者の方々の心にはより新しく感じられるものがあると思います。人間は環境に影響されやすい存在であると言われるように、環境が変わると意識と関心の方向にも変化がもたらされ得るからです。実は、このような理由もあって、会議の交代開催を提案したわけであります。

私は、今回の第五回セミナーを準備しながら、やり甲斐を大いに感じました。去る三月初旬にWCRP日本委員会の事務局の方々と一緒に横浜普門館を訪問した時、これ以上素晴らしい会議の場所はないと思いましたが、それよりも横浜普門館の方々の誠意のこもった心遣いに感心し、大きく心を打たれました。韓国宗教人平和会議（KCRP）とWCRP日本委員会の間で共有された温情溢れる心が韓国と日本の間に伝わり合えば、いかなる困難も克服していけるだろうと感じざるを得ませんでした。

このような温情溢れる雰囲気の中で進められた準備会議で、われわれは「東北アジア平和共同体の構築」という共通のテーマを生かしながらも、これまで議論してきた成果を新しいレベルに進展させていく道を模索しようとしました。その結果、従来は東北アジア平和共同体の構築のために必要なものは何であり、足りないものは何であるかという反省かつ否定的な方向からのアプローチでしたが、これからは東北アジア三国が長い歴史の中で共有してきたものは何であるか、共に見つけ出し得る共通点は何であるかという肯定的な観点からのアプローチを試みようという結論に辿りつきました。もちろん、このような肯定的なアプローチといっても、現実に存在する否定的な要素を隠蔽して誣罔(ふもう)する（いつわる）という意味ではありません。むしろ、これは東北アジアのアイデンティティを形成する共通の要素を見出し、政治的利害関係に埋没させられた倫理的基盤を回復して、新しい地平を切り開いていくという希望を見つけ出すためなのです。

　ここで、アジアの平和の破壊と再建という観点から、国家としての日本と日本の宗教界、そしてこれに関連した韓・中・日三国の宗教界の関係に触れてみたいと思います。現代史において、日本は韓国と中国に骨髄に徹する痛みを残しました。大東亜戦争と植民地統治の苦痛がそのまま残っているのにもかかわらず、国家としての日本は、領土や歴史認識問題で、依然として韓国と中国に深い憂慮と危疑（危ぶみ疑うこと）を感じさせています。

他方、日本の宗教界は一九五〇年代半ばから、核戦争の危機から人類を救い、世界平和を実現しようという念願を全世界に伝える平和の伝道師として、その役割を果たしてきました。一九五四年三月にアメリカが南太平洋のビキニ環礁の水域で水爆実験を実施した時、ちょうどその周辺に居合わせた日本漁船第五福竜丸がその「死の灰」を浴びるという事件が生じました。この事件を受け、日本の宗教界は一九五五年八月一日から四日まで東京国際文化会館で世界宗教会議を開催しました。

この会議には、日本をはじめ、アメリカやインドなど一六カ国から二〇〇名余りの代表が参加し、緊急課題として核開発の危機を取り上げ論議しました。参加者たちは、国際紛争の解決手段としての戦争を拒否し、特に原爆と水爆の開発と実験の禁止、軍備の撤廃などを決議し、その決議の内容を伝えるためにアメリカ、イギリス、フランス、ソ連、インド、中国などの政府に代表団を派遣することにしました。

その後、一九六二年にはキューバのミサイル危機も発生し、核戦争へ繋がる実際的可能性が高まると、日本の宗教指導者たちは唯一の原爆被爆国を代表して、核兵器の恐るべき破壊力を知らせ、核戦争の禁止を訴えるための平和使節団を結成し、一九六三年九月一四日に日本を出発、なんと四一日間も欧米一〇カ国の主要都市、ローマ、ジュネーブ、モスクワ、ロンドン、ニューヨークなどを訪問し、政界はもとより宗教界に至る現地の指導者たちと会談し続けました。

当時立教大学の総長であった松下正寿先生を団長に、立正佼成会会長庭野日敬師を含む一八名の平和使節団は、ローマで教皇パウロ六世に謁見し、核戦争の防止と核実験の禁止を要求する「平和提唱文」を渡しました。使節団は、続いてスイスのジュネーブにある世界教会協議会（ＷＣＣ）本部を訪問し、ヴィザート・フト事務総長と会い、それからモスクワではロシア正教会のエブリアン・エリノブス主教を、イギリスでは聖公会のカンタベリー大主教マイケル・ラムゼー博士と、ニューヨークでは国連本部でウ・タント事務総長と懇談しました。使節団が彼らに伝えた「平和提唱文」は、①核兵器実験の全面的無条件禁止、②核兵器の生産と貯蔵及び使用の全面的禁止、③国際協力に基づく原子力の平和的利用による経済格差の克服と人類福祉の増進、の三項目からなり、この実現に向けて世界の宗教者が全面的に協力し、共に努力することが提唱されています。

こうした経緯を経て、一九七〇年一〇月、日本の国立京都国際会館で世界宗教者平和会議（ＷＣＲＰ）第一回創立大会が開催されました。開会式でデイナ・グリーリー国際自由宗教連盟（ＩＡＲＦ）会長は、「われわれはこの会議を通じて知り合い、共通点を見出して結合の絆を強く結んでいきましょう。平和のビジョンを明確にし、探究し、さらに拡大していきましょう。実践可能な具体的な方法を考え、その実行に向かって進みましょう」と訴えました。またブラジルのエルデル・カマラ大司教は、「人類の二〇％が世界資源の八〇％を所有しています。正義なしに平和はありません」と説き、正義と平和のために不正と闘う宗教者の一致団結を訴えました。

一方、一九七四年八月にベルギーのルーベンで開催されたＷＣＲＰ第二回世界大会に参加したアジア宗教者の中で、ベトナムのティク・ナット・ハン師とインドのフェルナンデス大司教は、貧困、飢餓、紛争、疾病、差別、因習などによる苦難を耐えてきたアジアが、これらの問題を解決する場としてアジア平和会議を設けることを提唱し、一九七六年一一月、シンガポールでアジア宗教者平和会議（ＡＣＲＰ）創立大会が開催されることになりました。

ＡＣＲＰシンガポール大会には、姜元龍牧師を団長にした五名の韓国代表団が参加し、マザー・テレサの基調講演が行なわれました。四〇年間カルカッタ（現コルカタ）でひたすら貧者のために活動してきたマザー・テレサは、「主よ、われわれをどうか貧困と飢餓の中に生き、死に向かう兄弟たちに奉仕するに相応しい者にしてください」と祈りました。

この大会の討議の最中に、「漂流していたベトナム難民たちがシンガポールの港口に着いている」という情報が入った時、大会参加者一同はベトナム・ボート・ピープルの救援問題を緊急議題に採択し、難民の救援活動に取りかかりました。ＡＣＲＰの初事業となったこのボート・ピープル救援事業は、一九七七年まで続けられ、計五五六名の難民を救援しましたが、これには総額三〇万ドルの募金が寄せられ、難民の救援活動に投入されたということです。

韓国のＫＣＲＰは、一九八六年六月、ＡＣＲＰ第三回大会のソウル開催を契機として創設されました。特にソウル大会には、中国と韓国が国交樹立前であったにもかかわらず、中国代表団が参加することになりました。当時の中国代表団は中国基督教三自愛国運動委員会の羅冠宗副主席、中国天主教教育委員会の郭忠副主席、上海市仏教協会の眞禪会長、中国イスラム協会のイマーム陳廣元会長などでした。今や、韓・中・日三国の関係を顧みる時、どうしてもＡＣＲＰとＣＣＲＰの出会いと、ＣＣＲＰとＫＣＲＰの出会い、そして庭野日敬ＡＣＲＰ共同議長のソウル大会の開会宣言の場面を、意味深く思い浮かべずにはいられません。

また一九九一年一〇月にネパール・カトマンズで開催されたＡＣＲＰ第四回大会では、北朝鮮の朝鮮宗教人協議会（ＫＣＲ）代表団が参加しました。当時大会議長を務めた姜元龍牧師は、参加国代表に「韓国と北韓（北朝鮮）は一つの体と同じですが、韓国はすでにＡＣＲＰに加入しているので、北韓も当然に加入できるように許可していただきたい」と要請し、その後、北朝鮮のＫＣＲもＡＣＲＰ加盟団体としての地位を認められました。これからは、北朝鮮のＫＣＲも東北アジア三国と共に、この地域の平和共同体の構築のために努めていかねばなりません。今後、ＣＣＲＰのお力により中国でこの国際セミナーが開催されることになれば、北朝鮮のＫＣＲの参加の可能性は高くなり、その意味においても、韓・中・日の三国共同での巡回開催の幅を広めていかなければなりません。

以上、簡単に紹介したように、日本はいまだ国家レベルにおいては過去の歴史に対して反省の態度を取るには至っておりませんが、日本の宗教界は、過去六〇年間、核戦争危機の克服をはじめアジアと世界の平和のために努力を傾け、ＷＣＲＰ、ＡＣＲＰの誕生のためにも大きな貢献をしてきました。しかし、このような貢献にもかかわらず、日本の宗教界は、政府や国家レベルの態度のために非難を共に受けざるを得ない場合があり、それは極めて残念なことと考えております。実際に、故金壽煥枢機卿は、立正佼成会が一九八〇年代にＡＣＲＰ活動に参加し、日本の宗教界の中核を担って宗教界が活発に働いているにもかかわらず、「日本政府は、国家レベルで過去の歴史に対して懺悔も反省もせず、宗教界を前面に出して、まるで日本国家が平和のために努めているように見せつけようとしているのではないか」という疑問を提起したこともあります。

　もちろん、人間のする事には必ず賞賛と非難、真実と疑惑が表裏をなすものであります。私たち韓・中・日三国の宗教者は、国家や政治のレベルでは限界があっても、このＩＰＣＲ国際セミナーを通じて真の意味での東北アジア平和共同体の構築に向けて全力を傾注しなければなりません。そのためには、ＣＣＲＰとＷＣＲＰ日本委員会、そしてＫＣＲＰの連帯と協力をより強化していかねばなりません。さらに、それに止(とど)まらず、北朝鮮のＫＣＲの参加を得て、実質的な東北アジアの平和構築のために一層拍車をかけていくべきであります。

最後に、「道遠し」と思われるかもしれません。しかし私は、東北アジア平和共同体の実現が一刻も早く到来することの願望と信念を共有し合い、今日から始まる第五回ＩＰＣＲ国際セミナーの成功と成果の結実を願ってやみません。

もう一度、ここ日本の横浜でセミナーが開催されるように準備してくださったＷＣＲＰ日本委員会に感謝の御礼を申し上げます。また、特にスタッフとしてご自身の健康を損ないながらもセミナーのために努力してくださった和田めぐみさんと三善恭子さんにも謝意を表すものです。

ご清聴、有り難うございました。

（翻訳・金永完）

基調講演

東北アジア三国の共通点と課題を求めて

金　英周

皆さまの上に平和がありますように。

アジア大陸の東にある韓・中・日三国の宗教者が一堂に会しました。この三国は、一般に最も似ている国々であると言われています。それはおそらく、長い歳月にわたって交流してきた歴史を共有しているからでしょう。近代に入ってからは西欧の急激な拡張に脅かされ、三国はそれぞれ独特の文化や伝統に基づいた異なる対策を取ることもありました。今や、それぞれの国が国際的にも影響力を持つようになり、また、より力強い国づくりのために努力しているところでもあります。

もちろん、問題も山積しています。領土が広いだけに多様な文化を持つ中国は、社会統合という課題を持っており、日本は原発事故に関連する問題を抱えています。韓国にもさまざまな問題がありますが、その中でも他の諸々の社会問題に直接影響を与えるものとして南北分断の問題があります。

韓・中・日三国の共通点を見出して平和共同体の構築を目指すこの会議は、とても貴重であり、また大切な機会であると思います。しかし、先ほど挙げたような複雑な諸問題を考えるとき、貴重な機会であるだけに、重い責任も感じます。その重さを少しでも軽くするために、分かりやすいところに着目して三国の共通点を見出してみようと思います。その中から共通の課題も見えてくると思います。

一、箸から学ぶ智慧——社会的結束力の強化の課題

韓・中・日三国は、「箸を使う」という共通点を持っています。私自身、個人的にも箸こそ世の中で最も便利な食事道具ではないかと思います。日常生活でいつも使っているこの道具が、東北アジア三国の共通の課題に対する一つの示唆を提供するものになるのでは

ないかと思います。韓国の李御寧教授は、『デジログ』（デジタルとアナログの合成語）という著書の中で、箸には相手に対する配慮の心と相互依存性が潜んでいると指摘しています。例えば、ステーキのように大きな肉がそのまま出されると、箸は使えません。箸が便利な道具とされるのは、食べ物が一口で食べられるような形で用意されるためであるそうです。相手を理解し、配慮する精神が食生活にも適用されているのです。具体的には、食事を用意するときも箸で食べる人のために、長いものは切り、大きいものは刻み、堅いものは叩いて出すというのはまさにこのためなのです。ここに、箸の文化を共有する三国の共通点が見出せます。これこそ相手を配慮して、共同体を重視する精神であります。

しかし最近、三国はこの共同体精神を損なう問題を抱えており、共同体を統合する結束力が弱くなりました。例えば、中国は急激な経済成長を成し遂げましたが、その結果、経済的格差という問題がもたらされました。また、広い国土の中に存在する多様な文化や人々の利害関係をどのように融合すべきかの問題は、経済発展と富の分配という問題に繋がるとても重要な課題となっています。日本の場合、これは大震災と原発事故以降に認識されたものであると思いますが、都会の中心地の人々のために周辺の地方の人々が犠牲になっても良いのかという問題があります。社会をどのように統合するかの問題は、国家経営の核心たるものと言えましょう。韓国は、南北の長い分断の状況から生じた問題でありますが、異なる見解をイデオロギー的対立と見なしたり、社会的少数の見解を民主主義に反するものとして非難したりする傾向がいまだに残っています。共同体の重視と相互依存という三国の共通した文化的基盤が、それぞれの文脈において危機的状況に逢着(ほうちゃく)しているのです。

ここでまた、箸の話に戻りましょう。三国の箸は、その素材や長さや厚さ（太さ）がそれぞれ異なります。その中で最も長いのは中国の箸ですが、それは中国の食卓文化と関わっています。中国では、家族構成員が皆、平等に大きな食卓を囲んで座り、食事をします。大きな食卓で食べ物を共有するため、自然に箸も長くなったということです。それに対して日本の箸は、その先が尖っていますが、それは魚をよく食べる食習慣上、魚の骨を取るために工夫されたものであり、食事も大人数で共有するというよりは、個人のお膳が中心となっているため、箸も長くないとのことです。韓国では、普段四人から六人が一緒に食事を取り、おかずもナムル（野菜の和(あ)え物）の種類が多いため、箸もそれに適合した形になったと言われています。

このように共通した文化でありながらも、その中には微妙な違いがあるという、そうした観点から私たちが直面している問題を解決するマスターキー（親鍵）というべき智慧が見出せるのです。同じ箸でもそれぞれの文化的脈絡によって変形され、各文化に最も相応しい形を取っているように、三国は共同体を重視するという根本的精神は共有されていても、その具体的な現れにおいては微細な違いが存在しております。それ故に、それぞれの文化における諸問題を解決しようとする者は、その原因をそれぞれの文化的脈絡から観察し、それに適合した解決策を提示していかねばなりません。そうしてこそ、揺らぐことなく後代へと続いていく共同体文化を立ち上げることができるのです。

箸に関する面白い話をもう一つ挙げてみましょう。地獄と天国とで、箸の形についてはあまり変わりません。すなわち、地獄の人にも天国の人にも、三尺の長さの箸が与えられているというのです。しかし、その箸を用いて自分の口に食べ物を入れようとする者は、何も食べられませんが、その長い箸でまず相手の人に食べさせると、結果的に皆が満腹するまで食べられるということになります。箸文化の土台にある他者に対する配慮の精神、それは諸々の問題を解決する上でも良い出発点となるのではないでしょうか。

韓・中・日三国に共通する共同体中心の文化は、分析的で、かつ明確に情報のみを伝達するという特徴をもつ西洋文化とは異なり、民衆が相互依存の関係の中で発展させてきた文化であります。このような共同体中心の思考は、全体主義や極端な民族主義に陥る恐れがあり、経済発展と共に強まった個人主義によって否定的なものと理解され、その価値観は崩壊の危機にあります。それにもかかわらず、三国の共同体的文化の根底に潜んでいる相互配慮の精神は、私たちが直面している問題を解決する上で重要な手がかりとなると思います。

二、我々は隣人――共生の共同体を志向するための課題

韓国の宗教界では、「他宗教」の代わりに「隣りの宗教」という言葉がよく使われます。曖昧な表現ではありますが、自分を中心に置いて他者を判断するのではなく、相互依存の関係性を重視する観点から相手を理解するということで、九〇年代末から用いられるよう

になった表現であります。韓・中・日三国の関係もこれと同じ観点から考えられるのであり、私たち三国は自国と別の国の二カ国ではなく、皆すべて「隣りの国」だということなのです。

しかし、地理的に隣接しているからこそ三国の歴史は複雑に絡み、関わっており、歴史的にもいつも良好な関係を維持してきたわけではありません。特に韓国は、地理的に日本と中国の間に位置しており、朝鮮半島で発生した日清戦争（一八九四年）のように日中両国の衝突に影響を受けることもありました。三国の近代史は衝突と葛藤の歴史でもありましたが、韓国ではそれを克服する方法は武力ではなく、相互依存と配慮の精神に基づく関係性の回復にあると主張する動きがありました。

その動きは、一九一九年三月一日に始まった「独立万歳運動」と、その時に発表された「独立宣言書」にまで遡ります。いわゆる「三・一独立運動」と呼ばれるこの運動は、確固たる理想と意志に基づいて五年も続けられましたが、その理想は三三名が発表した独立宣言書によく表れています。この宣言書は、威力の時代は過ぎ去り、道義の時代、すなわち人道の精神と生命の繁栄が際立つ新しい時代を迎えようと主張し、アジアの平和は世界平和と人類の幸福の重要な部分であると論じています。この宣言書を作成するにあたって多数の宗教者が関与していたこともあって、この内容は宗教的理想に近いという評価もあります。しかし、新しい時代はいつも理想に燃えた人々によって導かれるものであると思います。この宣言書が発表されてからもう一〇〇年近く経ちましたが、私たちは三国の協力と連帯に基づく新しい時代にいまだ辿りついておりません。韓・中・日三国の協力と連帯は、世界の平和と人類の幸福のためのものでなければなりません。

三国は、現在極めて重要な転換期に来ています。中国は著しい経済成長とともに強大国としての責任が問われており、日本は福島原発事故と政治の右傾化により世界に多くの不安と懸念を持たせています。韓国は南北の対峙が長引く中で不安が広がり、人々の間の葛藤も増えつつあります。これらはいずれも、世界の注目を集める重大な課題であります。

まず、中国は全世界に大きな影響力を与える立場から世界平和の土台をつくり、その根幹を成す役割を果たすべきであると思います。しかし、これを実現するためのビジョンはいまだ提示されていません。むしろ中国は、現在原子力大国を目指しています。しかし、人類にとって核は禁断の果実のようなもので、一たび見ると、人々はすぐそれに魅せられてしまうものなのです。核は、人間が完璧に統御できない限り、その悪影響は何百年続くか計り知れないものがあります。次に、日本では右派勢力を中心とする政治の保守化が進んでいるため、三国の協力に基づく明るい未来に対する展望を阻んでいます。韓国の状況も楽観できません。かつて韓国のキリスト教は、南北分断は「原罪」のようなもので、私たち皆が担うべき責任であると自認していました。これは分断による感情的な傷を治癒し、対話と協力の未来を切り開いていくことを意味する表現でしたが、現在の政治は世論の分裂を煽動(せんどう)し、状況をより悪化させています。

このような時代だからこそ、私たち宗教者の役割が大いに期待されると思います。三国の関係を正しく教導し、葛藤を癒やす智慧を、宗教者が提示しなければなりません。諸問題と向き合って、宗教の志向する「平和」「和解」「共存」が単なる言葉に止(とど)まらず、これを具体的に実現する努力がなされるべきです。その一例として、朝鮮半島の平和のための活動を紹介しようと思います。最近、中東をはじめ、全世界に深刻な葛藤や危機的状況が広がっています。しかし、朝鮮半島の平和問題は、久しく冷戦時代の産物であり、冷戦の傷をそのまま抱いているのです。特に今年は朝鮮戦争停戦六〇周年であり、多くの人々が朝鮮半島の終戦宣言と平和協定を求めて話し合っています。その中でも韓国キリスト教教会協議会（ＮＣＣＫ）は、一九八八年に「民族の統一と平和に対する韓国キリスト教会宣言」（八八年宣言）を発表しました。この宣言書は、南北政府間で採択された「七・四南北共同宣言」（一九七二年）とともに非常に重要な文書です。

七〇、八〇年代、韓国の人権問題や軍事独裁終息に関わって活動し続けてきたＮＣＣＫは、南北の対峙状況が続く限り、その努力の結果も限定的なものでしかないということに気づきました。そして、現状への反省と神学的対話を通じて分断の原因を探究した結果、それは特定の人物の責任ではなく、私たちすべての者に関わる問題であるという認識に至りました。分断の状況は、それ自体が邪悪なものであり、それを乗り越えるには、「出エジプト」のような長い路程と信仰的行動を必要とすると明言しました。そして、南北の対立は世界平和を脅かすものであるが故に、非核化を前提とした朝鮮半島の恒常的平和を主張するようになりました。

またＮＣＣＫは、「七・四南北共同宣言」が提示した「自主・平和・民族大団結」に、「人道的価値」と「民衆参加」を加えることを明らかにし、さらにまた、分断五〇周年である一九九五年を「ヨベルの年」（聖年。七年ごとにやってくる安息年を七回過ごした一年後の年）として宣布し、教育事業その他の統一のための具体的方策を積極的に実施しようという意思を明らかにしました。ＮＣＣＫは統一運動における政府と民間の調和と協力を主張しています。それは、民主主義社会においては民間活動を抑圧する国家には、発展のさらなる展望は期待できず、自ずから限界に陥ってしまう危険があるからです。そして、「八八年宣言」には含まれていませんが、すべての政策は国際協力を通じて実行されるべきであるとの観点から、朝鮮半島の平和政策は世界の国々は言うまでもなく、世界の姉妹教会、そして「隣りの宗教者」に訴えていくことも重要な課題であるとしています。このような観点から、ＮＣＣＫは統一と平和を話し合い、その実現のために努力してきたということができます。

私たちは、いま事例として挙げた統一問題をはじめ、「隣りの国」の問題にも関心を持って連帯し、その解決に向かって真剣に取り組んでいかなければなりません。他国の問題に関しては自分と掛け離れた遠い話として目をそらしがちです。しかし、それでは単に国際政治のパワーゲームに任せてしまうことになり、東北アジア三国の明るい未来の実現は保証されません。私たち三国は隣接国である以上、互いの存在を宿命として受け容れる必要があります。地理的に隣接していればいるだけ強い連帯と絆を結び、「隣りの国」として相手に配慮してこそ自国の平和が守られるのです。

三、世界平和を求めて――人類の平和と幸福に向けた課題

私たち三国は、一、二世紀前に比べると、驚異的な発展を成し遂げてきました。近代社会に突入する過程において文化的確執を乗り越えた中国、戦後、敗戦国という重荷を特有の誠実さで克服した日本、イデオロギーの対立や貧困を民主化と経済成長に変えた韓国、この三国のそれぞれが歩んだ道は、世界の人々の目から「奇跡」のように見られているかもしれません。しかし、このような革新的発展がいつまでも続くという保証はありません。私たち、そして特に若い世代の人々は、急変する時代を生きており、いかなる言語的・社会的方法をもってしてもその変化を正確に分析することができない環境の中で生活しています。このような時代であるからこそ、特定の理念や価値観で他者を判断することは非

常に困難であり、ある意味では不可能であると言えましょう。宗教や政治は、このように急変する社会に適応できないばかりか、新しい理念や価値観を持って生きている人々に追いついていけず、後塵を拝する様相を呈しています。しかし、私たち宗教者は彼らのあとをついていきながらも、彼らが向かっていくべきところはどこか、そして彼らが求めるべき価値とは何であるかを教え導いていかなければなりません。それは、時間と空間を超越した実在に関わる宗教者が本来備えるべき能力であり、また宿命でもあります。

韓・中・日三国は、世界史的観点から見ると、その地位が過去とは大きく変わりつつあります。それは経済が成長した結果であると思われるかもしれません。しかし、文明を支えるものは物質的なものとは限りません。精神的・倫理的志向の方向性が提示されない限り、いかなる文明であれ、その目指す目的地へ至る道に迷い、悠久の人類史の軌道から外れてしまいます。私たちが進むべき道である精神的・倫理的価値は「平和」と「正義」、そして「生命」だと思います。精神と物質は、言語的には分離されていますが、実質的には一つであり、分離されるようなものではありません。従って、経済的成長とともに、「平和」「正義」「生命」の精神的価値が実現されてこそ、文明もさらなる繁栄を迎えることができます。

中国経済が急成長する中で、中国に対する世界の国々の視座は非常に複雑さを増しており、特にアメリカをはじめ、日本や韓国などの隣接国は中国との協力を通じた共同繁栄を模索する一方、危機意識をも感じるようになっているのが現状であります。すでに「チャイナ・ショック」という言葉が使用されるほど、中国は世界経済における重要な変数となっています。中国経済の安定と成長が東北アジア諸国の発展と密接に関わっているだけに、中国には「隣りの国」とともにその発展を成し遂げる課題が与えられています。しかし、それは単なる経済成長のための政策だけで実現可能となるものではないと思います。例えば、ＥＵは現在危機に直面していますが、それは単なる経済的問題だけではなく、倫理的・精神的結束力の低下の問題から由来したものでもあると思われるかもしれません。しかし、ＥＵは強力な連合体を構成しようとしたのにもかかわらず、その結束力が世界平和や人類の幸福に奉仕するという目標にいまだ及ばなかったということなのです。

歴史的にも地理的にも私たち三国は密接に繋がっており、似たようなところも多くありますが、共通の課題も多く抱えています。単独、個別には生存できない以上、肯定的態度から共存する方法を模索していかなければなりません。その共存の道は、人類に奉仕する精神に基づいた相互依存の関係を結ぶことから始まると思います。東北アジア三国は、絶えず平和を語り、正義を呼びかけ、生命を擁護するために行動しなければなりません。また若い世代に対し、この平和、正義、生命の価値を訴え、彼らがこれらの価値において全世界の人々と肩を並べるよう要請していかなければなりません。目の前の成果を求める企業や国家は、このようなものに興味を持たないかもしれません。しかし宗教は、時には問題を起こすことも、時には間違いを犯すこともあるかもしれませんが、長い歴史の中で悠久の時を刻み続けており、それは宗教が時代や空間を超越する価値を求め、私たちの志向する方向性を提示しているからにほかなりません。

中国は強大国として世界に奉仕する役割を、日本はまだ解決されていない歴史認識問題に対する責任を、韓国は分断によるイデオロギーの対立を超えて他者を愛することを課題としています。このような時だからこそ、私たち超越的価値を求める宗教者は最先端に立ってその使命を果たさなければなりません。

四、さらなる道に向かって

三国が志向すべき未来を描きながら、話を結びたいと思います。

宗教者として三国の未来を論ずるのは、ある意味から見ると、単なる夢のように思われるかもしれません。政治家が「平和と繁栄の東北アジア共同体の構築」のような共通ビジョンを求めるなら、私たちは宗教者として「世界平和と人類の幸福に仕える共同体の構築」を目指すべきであると思います。そうでなければ、三国の宗教者も世俗的価値にしか奉仕しなかったと、いつか人類の歴史のどこかで断罪されるかもしれません。今まではできなかったとしても、これからは私たちが直面した諸問題に対して先駆的に実践する智慧が必要です。

つい最近、日本基督教団「戦後補償を求める六委員会連絡会」が韓国を訪問し、「戦争と女性人権博物館」のための支援金を寄付しました。一七年間の活動を締めくくる今回の訪問に対して、韓国キリスト教教会協議会は深い感謝の意を表しました。一七年という長い間、支援金の出捐（しゅつえん）（寄付すること）ということは大変難しいことです。しかし、この「六委員会連絡会」の関心をきっかけにして、私たちの活動に対する韓国内の関心もより高まり、また日本との深い交流ができたと心から感じています。

今こそ、三国の宗教者の活動が飛躍する時だと思います。私たちの国は全世界にその強さを十分に知らせました。今や、その強さが正しく発揮されるよう、これに精神的価値を鼓吹する時を迎えております。そしてまた、その目的に奉仕する国と共同体のために祈り、共に働く時でもあります。それは「正義」と「平和」、そして「生命」の満々と溢れるものでなければなりません。

（翻訳・金永完）

共同の発展による円満な人生の実現と恒久平和の維持

黄　信陽

尊敬する皆さま

中国宗教者和平委員会（ＣＣＲＰ）の代表として日本を訪れ、今回の会議に参加させていただくことを誠に嬉しく思います。韓国宗教平和国際事業団（ＩＰＣＲ）および世界宗教者平和会議（ＷＣＲＰ）日本委員会のご招待と、行き届いたご高配に感謝いたします。

今回の会議のテーマは、人生や生命という視点からの平和と発展の探究ということであり、良き視点を選ばれたものだと思っております。なぜなら、生命はあらゆるものの基礎であり、生を貴ぶことは人類の至徳であるからです。西洋の諺では、生命は何にも勝ると申します。また中国の伝統文化においても、生を貴ぶことはその核心的な内容の一つです。中国の道教では、生を貴ぶことを教理・教義における最も重要な思想と位置づけており、道教の『度人経』を紐解くと、「仙道は生を貴び、無限に人を助けて道へと導く」（仙道貴生、無量度人）とあります。中国仏教は、「慈悲の心を以て生命を大切にする」（慈心悲願、善待生命）を主な教義としています。数千年の歴史を有する『易経』では、「天地の大徳を生という」（天地之大徳曰生）と述べています。人間本位の立場から人の生を貴ぶという教えは、古来より変わらぬ重要な信条であり、東西の文明が共に掲げる基本理念であり、異なる民族、国家、地域の人々が常に守っている金科玉条です。

中国人は、生を貴ぶとともに、和を重視します。『道徳経』では、「和を知ることを常と言い、常を知ることを明と言う」（知和曰常、知常曰明）と述べています。発展は、調和のとれた発展、平和的な発展、協力的な発展であるべきです。一国の中であれ、国家間であれ、持続可能な発展とは他者を犠牲にして己の利益を求め、勝ち負けを争うものではありません。私たちは、自分の暮らし向きが次第に良くなることを願うとともに、他者の暮らしも次第に良くなるよう願っています。とりわけ現在の世界では、各国の利益はかつてないほど広く深く融合し、ゼロサム社会（経済成長が頭打ちとなり資源や富の総量が一定となって、利益を得る者がいれば必ずその分だけ不利益を被る者が出てくるような社会）への道は絶たれるべきであり、互いに協力し合って利益を分かち合うことこそが正しい道なのです。中国、日本、韓国はいずれも太平洋諸国の一員です。太平洋のように開けた胸襟を持てば、太平洋の如き発展空間が開け、太平洋はさらに泰平になるでしょう。

中国には「歴史を鑑とすれば、興亡の理を知ることができる」（以史為鑑、可以知興衰）という古い言葉があります。中・日・韓は地理的に隣接し、文化的に近く、経済的な補完性が強く、友好的な往来の歴史は長きにわたります。日本には遣隋使や遣唐使が、中国には日本へ渡航した僧侶鑑真が現れており、中国の道教は九世紀に新羅王朝に伝わっています。三カ国の人々は互いに学び、互いを手本とし、打ち解けて、それぞれの国の発展と進歩を促し、東アジアや世界の文明を豊かにしてきました。しかし、近代以降、東アジア地域は不幸な歴史を経験し、ファシズムや軍国主義によって発動された侵略戦争が平和と発展に多大な破壊をもたらし、一部の戦争の後遺症は、今もなお地域の平和と発展に影を落としています。「歴史とは過去から未来に届くこだま、未来が過去を映した影」と申します通り、歴史と現実とは分かちがたいものです。正しい歴史観、正しい発展観、正しい安全保障観を持つことは、東アジア地域ひいては世界の平和的発展にとって極めて重要です。

中・日・韓は互いに隣国であり、三カ国が互恵協力を保ち、隣国とのパートナーシップや善隣関係を堅持することは、三カ国の国民の利益にも密接に関わっています。政治家が真摯に向き合うだけではなく、私たち宗教界の人間を含めた社会各界の人々もこれに関心を持ち、プラスの役割を発揮すべきです。

今、私たちの脳裏には二人の先賢への想いが浮かんでまいります。その一人は、CCRPの発起人として初代の会長を務められた趙樸初師、もう一人はCCRPの古き友人で、WCRPの創始者の一人でもある日本の立正佼成会の前会長・庭野日敬師であります。お二方は、日中両国の宗教界、国民の友好的な交流を深め、地域や世界の平和事業を進めるために、たゆまぬ努力と積極的な貢献をなされ、個人的にも深い友情を育まれました。お二方の精神は、私たちが学び、発揚すべきものです。趙樸初師は、一九八五年、庭野平和賞の受賞にあたり、「私はこの賞を、我が国宗教界全体の栄誉であり、また中日両国国民の友好協力が絶えず発展していくことの象徴であると思っています」と述べられました。

ＣＣＲＰは、中国の全国的な宗教平和組織として「調和を促し、平和を促す」ことを組織の重要な任務としております。対内的には、ＣＣＲＰメンバーは、積極的に経済・社会の発展や調和のとれた社会の構築に携わり、これを推進しています。中国の宗教者は、それぞれの経典や教義の中から善い要素を見出し、正しい信仰と行動を明示し、人々が生命や生活を慈しみ、国を愛して法を守り、公共道徳を遵守し、人のために善を行ない、自尊と自信を持ちつつ、理性的かつ平静に、中道的かつ寛容な姿勢で、積極的な向上心を抱き、円満な人生を追求するよう導いてきました。また、公益・慈善活動を積極的に展開し、社会に奉仕し、世界の救済と人々の福祉を図ってきました。大まかな統計によると、過去五年間に中国宗教界から公益・慈善事業に投入された募金は累計約五億米ドルに上ります。例えば、中国道教協会は毎年、道教慈善音楽会や書道・絵画チャリティー販売などの活動を実施しています。ＣＣＲＰは、中国宗教界の自発的な行動として世界平和のための祈禱活動の実施を提案しました。対外的には、ＣＣＲＰはアジア宗教者平和会議（ＡＣＲＰ）、ＷＣＲＰのメンバーであり、ＡＣＲＰおよびＷＣＲＰの活動主旨の実行を支持し、両組織の活動に積極的に参加しています。ＣＣＲＰは、さらに韓国、米国、カナダ、ロシア、フランス、ベルギー、ドイツ、イタリアなど他国の宗教平和組織との友好交流を通じて、異なる国や文明間の理解を促し、平等な立場で信頼し合い、包容力をもって学び合い、協力的な姿勢で利益を分かち合う理念を実行してきました。

暮らしが良くなり、円満な人生を楽しめるようになることは、人類共通の願いであり、この願いを実現するためには平和と発展が不可欠です。戦争の苦難を受け、貧困に喘ぎ、立ち遅れた状況に直面してきたさまざまな記憶は、中国人民の心に深く刻まれております。中国人民は、平和や発展を絶えず追い求め、平和で安定した生活を大事にしています。中国人民は、平和的発展の道を歩もうとしており、また他国が平和的発展の道を進むことを希望しています。すべての人々が平和的発展の道を歩むことこそが、各国の共同発展や平和共存を可能にし、地域の人々に素晴らしい人生をもたらすための確かな裏付けなのです。

歴史を鑑とし、未来に向かい、地域の人々の友好交流という優れた伝統を継承して、平和的発展の事業をさらに推進しなければなりません。これを東アジア各国の共通目標、共同の実践行為とするべきです。社会の各界は、平和的発展という理念を大いに提唱しなければなりません。ＣＣＲＰは、平和教育の重要性を繰り返し強調してきました。これは、私たちの宗教信仰という部分だけではなく、同時に私たちの社会的義務でもあり、宗教界としてなし得る最大の役割でもあります。ＣＣＲＰは、平和を促す上で対話や交流を深めることが極めて重要だと考えています。交流の土台となるのは、互いに尊重し合い、対等の立場に立ち、協力して利益を分かち合う精神です。このほど、ある日本の学者が新聞に掲載した文章の中で、「友情は互いが向き合って行なう無数の接触や交流の中で蓄積されるものであり、こうした相互のやり取りの一つ一つによって、ささやかながら非常に貴重な自分にできる貢献を果たしているのである」と述べられました。本日、東アジアの平和と発展を共に探究することは、非常に有益なことではないかと考えています。

有り難うございました。

（翻訳・金永完）

東北アジア三国の共通点と課題を求めて

眞田芳憲

はじめに

今日、日本と中国、また日本と韓国との間には、根深い歴史問題を背景に領土問題をめぐる「領土ナショナリズム」が火を噴き、東アジアの海は「平和の海」から「戦火の海」になりかねない危険な事態が生じている。日中間においても日韓間においても、政府間のハイレベルでの対話や交流が停止し、国交正常化以来、最悪の事態に陥っている。民間レベルでも、マス・メディアを通じて「領土ナショナリズム」が増幅され、国民間の憎悪的心情のうねりが一段と高まり、それが引き金となってそれぞれの国の国民感情の悪化に相乗的作用を巻き起こしている。

こうした危機的な時に、韓国宗教平和国際事業団（ＩＰＣＲ）の主催の下、幕末日本の門戸を初めて世界に開いた国際港湾都市、ここ横浜において、中国と韓国から宗教者や知識人の方がたと、そして日本の私たちが一堂に会する機会を得たことは、東北アジアの平和のために、そして東北アジア平和共同体の構築について語り合うために、まことに時宜を得たものであり、それだけにそれぞれの国情に起因する多くの困難を排して、ここに参集された中国の皆さん、そして韓国の皆さんに対し、訪日に向けての心寛き決断と平和を希求する叡智と勇気に衷心より敬意を表し、感謝を申し上げるものである。

一、東北アジア平和共同体の構築と「アジア」の概念

そもそも「アジア」という概念は、「つくられた」概念であった。「アジア」という名称は、アッシリア語で「東」を意味する「アス（asu）」に語源を持ち、古代では現在の「小アジア」を指すものであった。それが時代とともに、近代ヨーロッパ諸国の勢力拡大に伴い、ユーラシア大陸のヨーロッパ以外の東方地域を指す言葉となっていった。従って、歴

史的に見れば、「アジア」はヨーロッパが作り出した人為的概念であって、「ヨーロッパ」的意味での文化的共同体という形で自己を同一化できる地域の特質を持つものではなかった。

このことは、ヨーロッパのEUの形成の場合と比較すれば明らかである。第一に、ヨーロッパの場合、ヘレニズム＝キリスト教文明という共通の歴史的・文化的伝統が強く根付いている。現に、ヨーロッパ人の九〇％がキリスト教徒である。しかし、東アジアには儒教や道教や仏教、そして近代以降キリスト教等の一神教が西洋より取り入れられたとしても、そのいずれの宗教・文化も東アジア全域において共通の歴史的・文化的伝統を形成するまでにはいたっていない。東アジアの人々の精神文化の一体化・共有化は実現していないと見るべきであろう。

第二に、ヨーロッパの場合、個人の尊厳という個人主義と、自由・平等を政治理念とする共通の政治体制が存在し、EUの形成に有効な原動力の一つとなった。しかし、東アジアの場合、国民国家の形成も遅れ、成熟した市民社会も創出されることなく、社会主義政治体制と資本主義政治体制が混在し、そのイデオロギー的対立から政治や経済等にかかわる基本的な信頼関係が阻害され、政治体制の共通化・一体化を困難にしている。

第三に、ヨーロッパの場合、アジアやアフリカ等の非ヨーロッパ世界は伝統的なしがらみに縛られた後進的・停滞的社会とみなされ、帝国主義的植民地支配の対象とされ、そこにおいてヨーロッパ諸国は、程度や取り組みの差こそあれ、植民地の獲得・分配・拡張という共通の対アジア戦略を共有していた。これに対して、アジア諸国は対西洋植民地主義戦略には共通するものがあっても、その認識と政治的・軍事的対応は全く異にしていた。

日本の場合、西洋の植民地主義的侵略に対する恐怖と、それを排除するための封建遺制の克服と西欧的近代国家の建設、その延長の上に展開された日清戦争（一八九四―九五年）・日露戦争（一九〇四―〇五年）、その後韓国については日韓強制併合と帝国主義的植民地統治、中国については日本の帝国主義的侵略と日中戦争、そして一九四五年の日本の敗戦へと、歴史は展開されていった。

しかし、戦争の終結は東北アジアに中国と台湾、韓国と北朝鮮という、二つの分断国家を生み出した。世界で一つの地域で二つの分断国家が存在するのは、他に例を見ない。この二つの分断国家は、「もしアジアに対する日本の帝国主義的植民地支配なかりせば」という意味では、これらの地域を侵略し、植民地化した日本の負の歴史的所産ということになる。その意味において、一九世紀以降の東アジアの歴史における日本と韓国、あるいは日本と中国との関係は、まさしく植民地統治と戦争に集約され、敵意と不信の国民感情が根強くかつ複雑に醸成されていった。

このように、「アジア」において地域共同体としてのアイデンティティが脆弱であるということは、当然、東アジアに住む人々の「アジア」への帰属意識、換言すればアジア人としてのあり方にも跳ね返ってくることになる。猪口孝教授の研究グループがミャンマー・ヴェトナム・スリランカ・韓国・タイ・ウズベキスタン・マレーシア・日本・インド・中国を対象として行なったアジア地域での価値観の世論調査（AsiaBarometer 世論調査 Website：https://www.asiabarometer.org/2005）によれば、「あなたは自分自身をアジア人と思っているか」という問いに対し、韓国人の場合、ミャンマー（九二%）、ヴェトナム（八四%）、スリランカ（八〇%）に次いで、七一%の人が「自分はアジア人である」と自己を同一化している。日本人の場合、四二%の人が「自分はアジア人である」と答えている。しかし、中国人の場合、自分を「アジア人」と考えている人は僅か六%にしかすぎない。この数字から見る限り、その理由がどこにあるかは別としても、中国人の「アジア」への帰属意識は極めて薄弱であるということになる。

このことは、「アジア」が、そして「アジア人」が地域共同体として、そしてその共同体に帰属する者としてのアイデンティティが、いわばガラス玉のように脆弱で毀損されやすいものであることを意味する。その意味では、歴史問題や領土問題は中国や韓国の人々を傷つけ、怒りの火を点火させる、いわば地雷の役割を持っていることを、私たち日本人は自覚しておかねばならない。

二、東北アジア文化共同体の構築の可能性への展望

東北アジアという地域共同体の文化的・政治的・国際社会的基盤は、ＥＵと比較すると極めて脆弱であり、東北アジア共同体の構築の構想には否定的、あるいは消極的にならざるを得ないかもしれない。しかし、東北アジア共同体は、制度的な組織的な枠組みという点ではすでに成立しつつあると言ってよいのではないであろうか。

確かに、アジア全体を見ると、発展途上国が多いものの、東アジア地域の経済規模は西ヨーロッパや米国に匹敵するほど大きい。特にGDPが高いのは、二〇一〇年時点での世界的規模で、一位が中国、二位が日本、そして韓国が四位を占めている。貿易面で見ると、二〇〇三年の水準になるが、東アジア（日本・中国・韓国・台湾およびASEAN）の間での相互の貿易依存度は、EUの一九八〇年代初頭の水準に達しており（五〇％強）、NAFTA（北米自由貿易協定）の貿易相互依存度（約四五％）を上回っている。外貨準備高の面でも、二〇一〇年の時点で世界一五四カ国中、中国を一位として、二位が日本、四位が台湾、六位が韓国で、この東アジア四カ国で世界の外貨準備高の六〇％を占めている。

観光面での人的交流についても、東日本大震災とそれに伴う原発事故、さらには領土問題などによって人的交流の増減はあるが、日本と韓国の間の観光客数は四〇〇万人に上り、中国と日本も四〇〇万人を超えている。韓国と中国との間でも増加傾向にあり、すでに三〇〇万人を超えている。これを日本人の訪問国・地域を基準として見ると、世界四九カ国・地域中、米国を除けば、第一位が中国、第二位が韓国、第三位が香港、第四位が台湾となっている。従って、日本人の立場からすれば、日本・中国・韓国は人的交流の面で、すでに東アジア共同体を形成している。

また文化面でも、いわゆるポップスやアニメ、ファッション、テレビドラマなどの面での若者文化や女性文化の相互交流も、日本・韓国・台湾・香港・中国の沿海地域や北京等において極めて盛んに行なわれている。例えば一〇年前に溯るが、韓国のテレビドラマを見たことがあるかという視聴調査を見ると、大学生を対象とした日本人の場合、二〇〇二年で五四・九％、二〇〇三年で六七・六％、中国の上海では二〇〇四年、一八～六〇歳を対象とする調査で五八・八％の人が見ていると回答している（渡邊聡・小針進編『「韓中両国民における社会意識・大衆文化に関する研究ワークショップ」「日韓中における各国大衆文化の相互浸透と社会意識」合同報告書（二〇〇五年）』）。

政治的に見ると、確かにアジアではヨーロッパのEUやアフリカのアフリカ連合（AU）のように、地域のほとんどの国家を包含して組織された国際組織は存在しない。しかし、複数の国家から構成される国際組織が存在し、政策協議の場がつくられている。主なものを挙げてみよう。

アジア協力対話・東アジア共同体・東南アジア諸国連合（ASEAN）・ASEAN＋

3（日・中・韓）・ASEAN地域フォーラム・南アジア地域協力連合（SAARC）・中央アジア連合・独立国家共同体・ユーラシア連合・ユーラシア経済共同体・経済協力機構・湾岸協力会議・アラブ連合・アラブ石油輸出国機構（OAPEC）・イスラム諸国会議機構・アジア太平洋経済協力会議（APEC）・環太平洋戦略的経済連携協定（TPP）・上海協力機構・環インド洋地域協力連合

このように、諸々の国際組織の中でASEANと東アジア諸国、そして東アジア諸国同士のハイレベルでの交流と政策協議が行なわれ、相互依存関係の増大に伴い、その協議のメカニズムの強化が進められている。この意味において、東アジア共同体の構築の制度的枠組みは成立の過程にあると言ってよいであろう。

三、東北アジア文化共同体の構築と信頼の醸成

東北アジアにおいては、経済的相互依存関係はますます増大の傾向を辿り、実質的な協力関係が進展していくであろう。しかし、その相互依存関係を強化し、共存共栄の東北ア

ジア共同体の構築への精神的・文化的基盤は極めて脆弱である。その基盤が脆弱であるがために、日中・日韓の間には日本の植民地統治と戦争の後遺症が領土と歴史認識の問題となって、それがいわば未処理の地雷のように敷設されたまま放置されているために、いつ、どこで爆発するかが想定され得ない危険性を常に抱えている。

こうした地雷を今、直ちに完全に廃棄処理することはできないにしても、爆発を阻止するためには、植民地統治と戦争の加害者である日本が戦前の覇権主義と軍国主義、そして偏狭かつ閉鎖的なナショナリズムを反省し、それを日本が犯した原罪として、東北アジアの人々に懺悔し、二度とその過ちを犯さないことを誓っていかねばならない。

その意味では、安倍晋三総理大臣の侵略の定義、そして日本軍による従軍慰安婦強制連行の存在を認めた河野洋平内閣官房長官談話（一九九三年）や戦後五〇年の終戦記念日に日本の植民地支配と侵略を謝罪した当時の村山富市総理大臣談話（一九九五年）をそのまま継承するわけではないという安倍総理大臣の発言、さらには麻生太郎副総理大臣の靖国参拝や日本維新の会の橋下徹共同代表の従軍慰安婦についての発言、そして憲法改正問題などに見られる日本の右傾化現象は、日本国民として、宗教者として極めて憂慮すべきものであって、警戒を強め、時にはこれを阻止するための運動を進めていかなければならない。

一九七七年、現在の安倍総理大臣と同じ自由民主党の領袖として政権を担った福田赳夫総理大臣は、マニラで演説し、東アジアを含む、東南アジア諸国との関係強化についての三原則、いわゆる「福田ドクトリン」を表明した。第一は、軍事大国にならないことを日本は決意し、世界の平和と繁栄に貢献すること。第二は、東南アジア諸国と社会、文化など広範な分野で心と心の触れ合う相互信頼関係を築くこと。第三は、対等な協力者の立場で東南アジア全域の平和と繁栄の構築に寄与すること。

日本が東南アジア共同体の構築に真に貢献し得るためには、この福田ドクトリンを忠実に遵守し、日本は、そして日本人は、その実現に向かって最大限の努力をすることの誓いを新たにし、東北アジアの人々との信頼関係を築いていかねばならない。

四、東北アジアにおける信頼醸成と相互理解の積み上げ

かつてフランスとドイツは、血で血を洗う酸鼻凄惨な戦争を三度も繰り返した。その悲惨な経験から互いに利益になることは何かという相互利益の問題に正面から向き合って、これが今日のＥＵの原型の出発点となった。私たちは、東北アジア平和共同体構築を模索するにあたってＥＵのこの歴史的経験を学ぶべきであろう。これについて、二つの点のみ指摘しておきたい。

第一点は、確かに日中、日韓の間には歴史や領土にかかわる厳しい問題が存在している。中国や韓国では、歴史の清算なしに協力は不可能という「歴史入口論」が出発点となっており、逆に日本は、未来志向的な関係を築けば、いずれ歴史問題は解決されるという「歴史出口論」の立場に立っている。その結果、両者は嚙み合わず、平行線のまま対立を繰り返し、両者の関係は改善したかと思えば悪化するという不幸な袋小路に嵌(は)まり込んでいる。

この袋小路から脱出するためには、危機こそ新しい希望の未来を切り開くための偉大な

機会と捉えて、他者に対して過剰に反応するのではなく、他者の認識・理解・立場を自己の鏡として、他者こそ自己を完成させる有り難き存在として自己を相対化し得るような慈悲と寛容の精神が問われることになる。

私たちは、ここにあらためて、国際連合教育科学文化機関憲章（ユネスコ憲章）前文を想い起こすべきである。すなわち、「戦争は人の心の中で生まれるものであるから、人の心の中に平和のとりでを築かなければならない。相互の風習と生活を知らないことは、人類の歴史を通じて世界の諸人民の間に疑惑と不信をおこした共通の原因であり、この疑惑と不信のために、諸人民の不一致があまりにもしばしば戦争となった。ここに終りを告げた恐るべき大戦争は……無知と偏見を通じて人間と人種の不平等という教義をひろめることによって可能にされた戦争であった」「平和は、失われないためには、人類の知的及び精神的連帯の上に築かなければならない。」

第二に、日・中・韓の三国を中心とする東北アジアにおいても、人類の生き残りをかけた危機的状況を共有している。

その一つは、地球温暖化・気候変動・大気汚染といった地球環境問題である。この分野で先進的な技術を持ち、法的・社会的制度の整備を進めてきた韓国と日本は、この地域での環境問題の解決に有効な貢献ができるであろう。さらにまた、東北アジアはもとより、アジア全域そして世界の経済成長の中・長期的持続可能性を推進していくためには、日・中・韓の三国が環境や資源・エネルギーの分野での協力関係に主導的役割を果たしていかねばならない。

いま一つは、少子高齢化と労働人口の減少の問題である。韓国は徐々に日本と同じ状況にあり、中国も近い将来高齢化社会を迎えることになる。世界に例のない事態が東北アジアに発生することになる。東北アジアは、高齢化時代の到来により、労働人口の減少等による経済成長の停滞と年金・医療・福祉などの社会保障費の増大による国家財政の圧迫と社会活動の低下、そうした中で高齢者が健康で生き甲斐を持てる社会環境をどのように創り出していくかという問題に直面することになる。ここにおいて日・韓の経験は、中国はもとより、その他の東北アジア諸国に対しても大きく貢献することになろう。

最後にいま一つ、原子力エネルギーの問題がある。二〇一一年三月一一日に発生した東日本大震災は、すでに二年余の歳月が過ぎようとしているが、その悲惨な傷痕は今なお、いたるところで残っている。特に事故を起こした東京電力福島第一原子力発電所が所在する福島県の人々は、地震・津波・原発事故・風評被害に加え、「風化」という忘却の彼方に追いやられ、人々から見捨てられようとしているという五重苦の苦難の淵に立たされている。

福島の原発事故は、私たちに、原子力エネルギーという現代科学技術文明の原罪を凝視させる機会を与えた。「安全神話」という虚構の上に人間自身が自分で制御できないものを生み出したことに対する畏怖の感覚を取り戻し、人間を凌駕する存在に畏敬の念を捧げ、自然界での人間の持ち場を思い起こす機会を与えた。核廃棄物は、最初の一〇〇〇年間厳重に管理しても、放射性物質が自然状態にあるものの放射能と同じ水準に戻るには一〇万年かかると言われている。今、原発立地地域の人々の犠牲の上に原発の利益を享受している現世代の私たちは、未来世代の犠牲の上に、現世代が安楽かつ便利な生活を享受することは、倫理的に、いや人間として許されるのか――福島の原発事故は、私たちに人間とは何か、生きるとは何か、幸せとは何か、社会とは何か、国家とは何か、文明とは何かを根源的に問いかけている。

原発の存廃や原子力エネルギーの消費は、福島や日本に固有の問題ではない。原子力発電所を保有している東北アジアの国々、そして現代世界に共通する普遍的課題である。それだけに、福島の体験は東北アジアの人々に原子力エネルギーについての知識と技術、安全性と危険性、事故発生に伴う除染活動の技術的・医療的問題や諸々の制度的問題の対処のあり方に有益な知識と技術、そして教訓を提示することになろう。

日中・日韓間には、歴史問題や領土問題が存在しているという厳然たる事実は、それを無視または過小評価することを許さない。しかし、それに過剰に反応し、いがみ合い、ののしり合っているだけでは、何の解決にもならないし、むしろ、中国や韓国のみならず、東北アジア諸国に共通する生き残りのための大きな課題を見失うことになりかねない。かつてロシアの良心、アレクサンドル・ソルジェニーツィンは、「過去にこだわる者は片目を失うが、過去を忘れる者は両目を失う」と語った。過去を忘れず、しかし過去に引き摺られず、現在を凝視し、現在をよりよく生きるために寛容と互譲の精神に立ち帰って相互理解を深め、信頼醸成を強化し、協働して東北アジア平和共同体の構築のための希望の未来を切り開いていかねばならない。

五、東北アジア平和共同体の構築と宗教者の役割

東北アジアには、ＥＵのアイデンティティを規定するヘレニズム＝キリスト教的文明というような共通、普遍の歴史的・文化的伝統はない。このことが、「東北アジア」の地域共同体としてのアイデンティティの脆弱性を招来させる一つの要因となっている。しかし、私たちに今、求められているのは、この脆弱性を負の遺産と理解するのではなく、むしろこれを奇貨としてこの地域のアイデンティティなるものを模索し、この脆弱さを強固なものへと転換していくことであろう。

ここにおいて問われるべきことは、東北アジアのそれぞれの国、それぞれの地域の伝統文化に深く根付いた豊かな霊的精神性と調和し得る普遍的な共通倫理を創出することである。豊穣な多様性の中からアイデンティティとなり得る普遍的共通性を創出することである。ここに、宗教者の役割があり、使命がある。

宗教者たる者は、その使命を果たす上で、少なくとも次のことだけは心に銘記しておか

ねばならない。

第一に、いかなる宗教も、その究極の絶対的真理として、生きとし生けるものの「いのち」の尊厳、人類の幸福と世界の平和の実現を目指すものである。すべての宗教教義の表現や信仰実践の所作、そして信仰者の信仰感情は、この究極の絶対的真理に対する人間の応答の形態でしかない。その応答の形態は、異なる歴史的・自然的・社会的・文化的状況の中でそれぞれ異なる多様性を持つにいたるのは当然と言わねばならない。

それ故にこそ、現象面の相違をもって直ちに異質の信仰と断定し、感情的にこれを軽視し、排斥することも、他方、自己の信仰こそ唯一、真正にして絶対なるものとして独善的に主張することも許されないことになる。ここに、宗教者は自己の宗教の究極にある普遍的真理の目的とするものの実現に向かって、互いに心を開いて積極的に相互理解を深め、寛容の心で互いに知的・精神的連帯を強固にし、宗教対話・宗教協力の道を邁進しなければならない使命を負っているのである。

第二に、これに関連して想起すべきことは、一国のトップを経験した元大統領・元首相という世界の政治指導者から構成されるインターアクション・カウンシル（InterAction

Council）が、国連の「世界人権宣言」（The Universal Declaration of Human Rights）採択五〇周年の一九九八年、国連での採択を要望して作成された「世界人間責任宣言」（A Universal Declaration of Human Responsibilities）草案である。

この「宣言」（案）は、今日のグローバル化した地球的課題はグローバルな解決策によらなければこれを克服することはできないとし、グローバルな問題は、あらゆる地域の、あらゆる社会とあらゆる文化において遵守されなければならない理念・価値観・規範を基盤とした解決策となっている。すなわちグローバル化した地球的課題に対応し得る普遍的な共通倫理、換言すれば権利と義務、自由と責任の均衡のとれた調和ある地球倫理（global ethic）を基礎に据えた解決策によってはじめて解決の道が切り開かれるという基本的認識の上に立って、この宣言文は人間性の基本原則・非暴力と生命の尊重・正義と連帯・真実と寛容性・相互尊敬とパートナーシップの五項目を掲げた一九カ条から構成されている。

この「世界人間責任宣言」に謳われている基本原則は、次のように要約することができよう。

・私たちに生命の権利があるとすれば、私たちには他の一切の存在の生命を尊重する義務がある。
・私たちに自由の権利があるとすれば、私たちには他者の自由を尊重する義務がある。
・私たちに安全の権利があるとすれば、私たちにはすべての人間が人間としての平和を享有できる条件を創出する義務がある。
・私たちに自国の政治過程に参加し、指導者を選挙する権利があるとすれば、私たちにはそれに参加し、最良の指導者を選ぶことを保証する義務がある。
・私たちに思想の自由、良心の自由、信仰の自由の権利があるとすれば、私たちには他者の宗教や他者の思想を尊重する義務がある。
・私たちに地球の恵みを享受する権利があるとすれば、私たちには地球の天然資源を尊重し、保護する義務がある。

第三に、従来、宗教の関心方向は、ともすれば個人の内面的な霊的救われに向けられ、社会や世界の諸問題にいかにかかわるかという社会倫理に対する関心が稀薄になる傾向があった。しかし、今日、宗教は個人的領域における個人倫理はもとより、人権・平和・科学技術・生命操作・環境保全等の諸問題にかかわる社会倫理の領域においても宗教者としての社会的責任が問われている。

今や、宗教者は、宗教間のみの宗教対話・宗教協力にとどまらず、宗教以外の他の分野における各界各層の人々との対話と協力が求められている。真の平和は、宗教共同体と市民社会、国連等の国際機関、中央・地方政府、経済・社会・文化等の諸セクター等の多様な社会の行動主体との対話、協力と連携によるアプローチによってはじめて実現可能となるのである。

最後に、今日、不信、敵意、憎悪の坩堝（るつぼ）と化している東北アジアの危機的状況の中で、自閉的なナショナリズムを超えて東北アジア共同体の構築に貢献できる模範的な善隣関係と生産的で持続可能なパートナーシップを創出するために参集した中国と韓国の方がたに、重ねて敬意を表し、感謝申し上げたいと思う。ここ横浜での「ＩＰＣＲ国際セミナー二〇一三」で、皆さまと共に叡智を結集して対話を重ね、東北アジアの平和と安全と調和に向けて協働し、東北アジアに住む者の責任を果たしていきたいと祈念するものである。

第一セッション

「いのちと自然環境」

自然法則と「緑（Green）」の平和――原子力廃止のために

李　賛洙

一、自然法則の普遍性

この世は自然法則に従って動いている。人間を含む生物はすべてこの自然の法則に従って生きるようになっている。しかし、人間は知性を利用してこの法則を「対象化」する能力を持っている。これは非常に重要なポイントとなる。例えば、打ち砕いた石を磨くと武器や狩猟道具になり、木と木をこすり合わせると火が起こるという古代の人類の知識は、石を磨くと鋭くなり、摩擦は火を起こすという自然法則を「対象化」した結果として得られたものである。法則を対象化する人間は、その内容を一つの「方法」としてまとめて人々に伝える。このように伝授される自然法則が「技術」と言われるものである。

従って、火を起こす技術の中には自然法則が潜んでいる。しかし、この技術は単に自然法則をそのまま再現したものではなく、人がそれを「制御」して「操作」したものである。発火の原因が落雷であれ、木の摩擦であれ、発火自体は自然法則による出来事であり、自然法則が具体的形として現れたものである。しかし、落雷で山火事が起こる時よりも、人間が自ら木をこすり合わせて火を起こす時、自然法則は人間の中により明らかにその姿を現す。自然法則が、人間の中に一つの知識として閉じ込められるのである。

人間は、知識としての自然法則、技術で伝授された自然法則を自己の目的に合わせて制御する。また火を挙げてみると、様々な人間の目的、例えばある時には祭祀のために、ある時には肉を焼くために、またある時には住居を温めるために火を起こす。人間が自然法則を一つの対象と見なし、自分の目的によってそれを操作するのである。

もちろん、木に落雷するにせよ、人間が木をこすり合わせるにせよ、火が起こるのは自然法則に従ったものである。しかし、言葉通り自然に起こった自然法則と人間が制御した自然法則は同等なものではない。なぜなら、人間が摩擦で起こした火は、人間によって客体化され、利用された火であるからである。人間は自分の目的のために火を利用することによって、もはや自分を自然の制御者かつ調節者として認識し始めた。この意味から、人間の文明とは自然を制御する方法および技術から生み出されたものなのである。

しかし、問題は文明を生み出す際に、人間が自然法則を制御する技術に自ら隷属させられてしまうということである。言い換えると、技術によって制御された自然法則に従う限りにおいてのみ、技術の効用が享受できるという意味である。自ら発見してつくり出した自然法則は、今度は人間に対して「自然の法則に従え」と要求するのである。人間は、自分が自然制御方法や管理技術の主体であると思っていたが、いつの間にか自分の知らないうちにその方法や技術に隷属させられるのである。つまり人間が対象化した自然法則が、今度は人間を対象化してしまったのである。人間がつくり上げたあらゆる物質文明が、むしろ人間を疎外する状況に至ったのである。人間は、自然法則を抽象化して技術や機械をつくり上げたが、今はその技術や機械に依存しなくては生きられない状態になったのである。人間によって操作され、生み出されたはずのものであるが、人間には束縛されない「抽象的自然法則」が人間を客体化している。その法則はもはや、自らが主体となって人間を自分に従わせる。支配するものと支配されるものの立場が逆転し、今や人間はその支配を受けるようになったのである。

二、環境危機と生態意識の出現

二〇一一年、東日本大震災による福島原発事故は、人間の便宜に合わせて急激に客体化された自然法則に人間が攻撃された結果である。地球温暖化も同じように考えられる。人間によって起こった気候変化が、今は人間の能力で制御できないレベルに達したのである。地球を一つの巨大な生命体と見なす「ガイア理論」を初めて提唱したジェームズ・ラヴロック（James Lovelock）も、「我々が地球を守ることに失敗すると、地球は我々を追い出すことで自分を守るに違いない」と指摘しながら、温暖化現象がもう制御できる限度を超えたと悲観的意見を示している。この指摘は自然法則に従う存在である人間が、逆にそれを極限まで支配しようと押し付けるあまり、かえって自然法則に首を絞められる状況を語っている。このように人間に支配される自然法則が逆に人間を疎外してようやく、人間は環境の危機が切迫していると認識し始める。

環境（environment）は一種の背景（background）になるものである。人間にとって自然は、人間を取り囲んで豊かにする背景のようなものであった。人間の制御対象でありながら、人間の便宜のための手段であり、また人間を囲んでいる周辺でもあったのである。人間は自分の豊饒のために環境を「対象化」して扱い、支配した。しかし、自然を「対象化」すればするほど、自然は主体として自分の姿をより強く人間に示した。そして自然の主体は、人間という状況が逆転し、人間が自然に隷属していることが明らかになった。自然は人間を取り囲む背景に過ぎないと見なされ取り扱われた結果、環境が人間の存在をその根本から脅かす事態に至ったのである。

これは自然を他者化、手段化した結果である。「環境」という概念には、自然を「我（われ）」に対する「他者」と見なす観点が包含されている。「環境」は「我」を含まない他者だけで成り立った世界であり、従って環境問題というのも他者が私にもたらした問題となる。結局、「他者としての環境」に逆襲を受けてから、やっと自然を単なる対象ではなく、人間との根本的関係性から把握すべきものと認識するようになったのである。このような意識が広がったことによって登場したのが、「エコ（eco 生態）」という用語である。

「エコ」を「生態」という漢字で表現する時の意味は、生きているものの生活様態を指す。そして、"eco"はギリシア語で家または居住地を意味する"oikos"をその語源としており、ある存在の有機的・包括的生息地を指す言葉である。「エコ」、つまり「生態」は有機的関係性をその基本的属性としており、この有機的関係性がシステムとして具体化されたのが、健全な「生態系（eco-system）」である。さらに、この生態系を全地球的レベルで拡張させ、地球を構成するすべてのものが自然秩序との有機的関係の中で共生できるようにする研究が生態学（ecology）である。一九世紀のドイツの動物学者、ヘッケル（Ernst Haeckel）が生物と環境との関係および生物学と自然史の本質にかかわる学問分野を「生態学（Oecologie）」という用語で表現して以来（一八六六年）、この用語は現代の政治・経済・社会・文化の領域にまで広がり、地球的秩序全体の再編成を求める根本的原理とされている。

「生態系」は、「環境」とは違って、「人間」を包括する概念である。環境が人間に対する他者で構成される世界であるなら、生態系は「我」と「他者」、つまり人間と自然が有機的に絡み合って、共生的関係をなす体系である。ここに人間が含まれているのは、非常に重要な意味合いを持つ。その中でも最も根本的な意味を持つとされるのは、人間が自然の主体であるという意識、そしてこのような意識に基づいて生み出された文明――これらを生態的秩序に合わせたものに再構成しなければならないという要請である。これに応えるために、人間は内面的意識のみならず、生活方式をも変えていかねばならない。それどころか、社会や政治システムも生態的秩序と調和されるよう再編成しなければならない。このように生態的秩序と調和をなす世界をつくろうという意識が広がる中で新しく登場し、注目を集めたのが「緑（green）」という用語である。

三、生態的秩序と緑（green）の平和

「緑（green）」は、人間を自然に対する主体と認識する一方的思考から離れ、自然の一部としての人間の主体性を見出す過程の中で注目された用語である。「緑（green）」は、一種の隠喩として、自然に対する人間の主体性と従属性をすべて含んだ広い意味の関係性を

指す用語である。人間が無気力に自然に隷属するわけではなく、自然と人間が本来持っていた根源的な関係性を、個人と社会の中に積極的に反映させていこうという姿勢、さらにそれを通じて志向していくところを「緑（green）」というのである。つまり、「緑（green）」とは人間の姿勢であると同時に、その姿勢を保持して進んでいく目標点でもある。「緑（green）」を自分の目的とする者は、自己だけではなく、社会をも「緑（green）」の原理に相応しく変化させようと努力する。

「緑（green）」という隠喩の意味の中で最も基本をなしているのは、生態的秩序および自然と人間との有機的関係性である。これには個人の生き方と社会のあり方を全体的に自然の秩序ないし生態的価値に適合するものにしなければならないという要請が含まれている。ここでいう生態的価値は、「人間中心思想・男性中心思想・物質主義・業績中心思考などが示している価値を否定し、機械文明自体を批判すると同時に、『あらゆるものはお互いに関わり合っている』という有機的関係性に基づいた一元論的世界観」に繋がっている。このような価値観と共に生きることは、アラン・リピエッツ（Alain Lipietz）の表現を借りると、「連帯性」「自律性」「生態的責任」「民主主義」を通じて生活することを意味する。

このような観点から、「緑（green）」には狭義の自然への優しさを超えて、生態的生き方を社会と文化に定着させようとする政治的立場や活動も包含されている。個々の人々の直接的参加に基づく草の根（grass roots）政治運動がその代表的な例である。これが世界の国々で「緑の党」が次々と登場する理由であり、またその理論的根拠であるが、韓国の「緑の党」（green party）の前兆とされる「草緑党」の八大価値、即ち「平和」「生命」「草の根」「地球」「分かち合い」「男女平等」「多様性」「未来」にも、「緑（green）」の政治的・社会的意味が反映されている。

このような「緑（green）」の理想は実現できるだろうか。人類は果たして「緑（green）」の課題を成し遂げられるのか。原子力発電をめぐる問題を解決していく過程で、「緑（green）」の理想を実現するための試金石が見出せよう。

四、原子力という制御された自然法則

二〇一一年三月一一日、東日本で大地震と津波が発生、それに襲われた福島第一原発が

爆発するという大事故が起きた。地震と津波があくまでも自然災害であるのに対し、それによって発生した原発事故は事実上人災であるという点において、これらの二つの災難は根本的に違うものであるが、この点は非常に深刻な問題を提起している。

原子力発電の原理に関して少しでも興味を持てば、すぐに分かることだが、原子力発電というのは根本的には自然法則に従って得られるものである。問題は、人間の制御や操作の下にあると思われた原発の自然法則が人間の制御を離れる可能性が非常に高いということであり、事実上人間の制御を離れていることが確認されたことに、この事態の深刻さがうかがえる。これは、原子力発電の原理を考えてみればすぐに分かってくるであろう。

分子が結合あるいは分解される時、分子の構成単位である原子核周辺の電子にさまざまな作用が起きる。安定した状態の原子核を強制的に不安定状態にすると、本来の安定的状態に回帰するために原子核からエネルギーを持つ電磁波が大量に発生する。この中で人間が発見した自然法則とは、このときに発生したエネルギーが、原子爆弾のような兵器にも、そして電気のような資源にもなり得るということである。後者は、核が分裂する際に発生する運動エネルギーを熱エネルギーに変換し、その熱で水を蒸気に変え、その蒸気でタービンと発電機を動かして電気エネルギーを生産する方式である。

しかし、原子核が分裂する過程で、大量の放射性物質が放出されるという問題がある。周知のように、放射性物質は生命体に致命的な結果をもたらす。従って、放射性物質による被害を防ぐためには、放射性物質を原子炉に閉じ込める構造が非常に重要となる。しかし、放射性物質を永久に遮断するのは事実上不可能である。また極めて危険な物質であるのにもかかわらず、それを人工的に閉じ込めているということ自体が、それの漏出さらには爆発の可能性が常に存在することを意味する。しかも、熱エネルギーで水を蒸発させ、電気エネルギーに転換させる現在の技術では、そのエネルギー効率は三〇%程度でしかないという。七〇%のエネルギーは温排水の形で外部、特に冷たい海へ排出されるため、これが自然秩序の攪乱を引き起こす環境破壊の新しい主犯となるのである。

原子核が分裂すると膨大なエネルギーが発生するというのも、自然法則に沿って起きる現象であるが、その自然法則は人間によって対象化され操作されたものである。自然法則を対象化することに何の違和感も持たなくなった人間は、核分裂によるエネルギー発生も制御できると思い込み、原子力産業を拡大し続けてきた。しかし、核分裂の原理に基づいて設計されたのが原子力発電であるとしても、そこから期待した結果を得るためには、核分裂の程度やその原理が人間の予測通りに動かなければならない。つまり、核分裂の程度やその原理が少しでも人間の予想や制御から外れると、そこから発生する自然からの恐るべき反応はすべての人間に降りかかるということである。

五、原子力を廃止すべき理由

原子力発電は、核分裂による熱エネルギーの発生を人間が完全に制御する限りにおいて有効である。つまり、原発関連産業が人間の利益となるには、核分裂による熱エネルギーおよび放射性物質を一切ミスなく完璧に制御するという条件が必要なのである。しかし原発技術は、人間によって制御される自然法則としてはあまりにも危険の度合いが高い。自然法則の客体化が急激に進むと、それを制御する技術もすぐその限界にぶつかってしまう。完璧な制御が不可能であるだけに、極めて危険な状況のまま放置されているのである。

原発技術が少数の専門技術者に任せられていることも、さらなる問題点である。原発の平和的利用という名分から、アメリカ主導の国連総会（一九五三年一二月二八日）において原子力の商業的利用の可能性が具体的に提起され、ソ連なども原発に積極投資する機会となった。米ソ両国は、経済的効果を口実に航空、船舶、製鉄などの多様な分野に原子力技術を拡大して適用し、その結果原子力は巨大産業に成長した。これによって原子力関連技術の適用範囲も拡張されてきた。木をこすり合わせて火を起こす技が人間なら誰でも使用できるものであるのに対し、原子力技術は人類が自分の意志で調節できるような普遍的技術ではなく、極めて少数の専門家の手に握られている。全人類の生命に関わるものを、果たして少数の専門家だけに任せてよいであろうか。これは草の根の精神に基づく「緑(green)」の原理に反するものである。

原子力発電は、エネルギー需要が急増する状況にあたって火力発電や水力発電よりも経済的ということから始められた。しかし原発産業は、人間が自然を客体化するレベルがあまりにも高く、その危険の度合いも極めて高いものであるが故に、人間が急に自然の客体とされる可能性も非常に高い。これ以上危険なことはない。自然法則を完璧に調節するなどということができるはずがない。自然は、人間とは比較できないほどに巨大な力を持っているためである。自然法則に従わざるを得ない人間が、自然法則を支配しようとしたあげく自然法則に首を絞められる状況は、すでに私たちの目の前に起きている。原子力の平和的利用をいくら叫んだところで、原子力はそれ自体に平和を乱す可能性を孕んでいる。可能性は可能性に過ぎないと安心してはならないのは、原子力による環境破壊がすでに起きており、私たちが現に経験しているからである。

二年前の東日本大震災による死者と行方不明者は二万八五二一名に上り、避難民は三一万五〇〇〇名を超えている。自然災害による被害であるとしても、地震と津波による原発事故で漏洩された放射能は日本だけではなく、周辺国さらには全世界に恐怖を振りまいた。震災による死者のうち、七八九名は原発事故によるものとされている。全世界の原発すべてがこのような危険性を孕んでいるといえるが、このような事故を防ぐための費用を考慮すると、原子力発電が本当に経済的であるのか疑問となる。

自然法則を制御して、それを人為的に調整することは極めて危険である。原子力分野の産業をソフトランディングさせて、最終的には廃止しなければならない。韓国は二〇一二年基準でエネルギー供給の三一・二%を、日本は二〇〇九年基準で二九・二%を原子力発電に依存している。中国は世界最大の原子力大国を目標に大規模な投資を行なっている。これは、それほど多くの人々が原発産業に従事しているという意味でもある。このような現状からも、直ちに原発を廃止することはできない。また、新しい再生エネルギーを開発する費用を考えると、原発は経済的効率が非常に高いという主張もかなり説得力を持っている。原子力産業に従事している人々、特にこの産業から莫大な利益を得ている人々は、原発の経済性や安全性を強調する。しかし、自然法則を急激に制御して得た利益は、今でなくても、いつかは何らかの形で返されるようになっている。いわゆる原発の経済的効率を論ずる時、後世に発生する費用は算定されていないはずである。目先の便益のために人類の生存が危険にさらされてはいけない。

原子力は、自然を極めて高い程度で制御し、危険性が高い技術であるため、災害が起こる可能性も高い。自然を制御する技術をより発展させることで危険性は解消されるという主張もあるだろうが、人間もあくまで自然の一部であるということを考えなくてはならない。根本的に人間は自然の内的存在であり、決して自然を超えた存在ではない。従って、人間が自分を包含する自然を完全に制御する主体となるという考え自体が、元々成り立たない。自然の客体化を進めれば進めるほどより危機に陥るのは、客体化される自然ではなく、むしろ自然によって客体化されてしまう人間なのである。

「緑（green）の平和」、つまり自然秩序に逆らわないという意味での平和を実現することは、人類に課せられた決して簡単ではない課題である。しかし、これは「生命」と「平和」を共通の目標とする宗教者にとっては使命として与えられたものである。宗教儀礼に参加することだけで、宗教者としての役割をすべて果たしたことにはならない。謙虚な態度で自然に接し、自然破壊を防ぐために努めることも、宗教者に要求される徳目である。

この意味で、原子力産業がソフトランディングできるように導く活動は、宗教者に課せられた現代の使命なのである。直ちに原発稼働を止めることはできないとしても、設計上稼動寿命に達したものは徐々に廃炉にし、また費用が高いとしても、新再生可能エネルギーや自然に優しいエネルギーを確保することに、より拍車をかけていかねばならない。この動きに対して、政府が消極的かつ否定的な姿勢を取るなら、宗教界が自ら原子力廃止のためのロードマップを提起することも必要であろう。宗教界は、そのような中で国民に省エネを実践し、この動きにも参加するように呼びかけながら、自ら先頭に立って実践していくことが問われることになる。

アンソニー・ギデンス（Anthony Giddens）はすでに、気候変動に対応するための政策の開発と国際協力、そして原発廃止のための国際協力において、東アジアの宗教界がその役割を果たす必要があると強く要請している。なぜなら、原発廃止こそ人類が生存する道だからである。東アジア平和共同体をめぐって議論し続けてきたＩＰＣＲ（韓国宗教平和国際事業団）国際セミナーに参加する国々の宗教者は、果たしてこの役割を担っていけるのか。現在、東アジアの国々が新自由主義体制の下で経済戦争を行ない、その競争に気を取られている状況を、果たして宗教界は逆転させることができるのか。原子力廃止が単なる希望に終わらないことを切に願うものである。

（翻訳・金永完）

「天人合一」思想と生態文明の建設

華夏

一

一八世紀イギリスで興った産業革命により、人類は工業化の時代に突入しました。科学技術で大きな成果を収めるにつれ、生産レベルは急速に向上し、自然の利用・自然の改造・自然に対する征服が人類の目指す大きな目標となりました。自然を利用し、改造し、征服する過程で、人類は巨万の富を得、自分たちの生活における物質的要求は大きく満たされました。しかし、その一方で、人類の自己中心主義が極度に発展し、本来平和に共存すべき人と自然との関係が崩されました。人類が天然資源を略奪するが如くに開発し、濫用し、浪費したために、地球環境は急激に悪化し、天然資源は不足・枯渇し、環境汚染事故・生態学的な危機・自然災害が頻発し、生物の多様性が次第に損なわれ、生態系の均衡が失われています。これらは人と自然との間に緊迫した関係をもたらしています。つまり、今度は逆に自然が人類に対して大きな危害を及ぼすようになり、人類自身の生存と発展を深刻なまでに脅かしているのです。

中国は、ここ三〇年間の工業化の過程で、やはり先進国がかつて歩んできた道を繰り返しています。もっと深刻なことは、先進国が百年以上かけて工業化した過程で分散して現れていた問題が、中国の場合、短期間に集中して現れていることです。報道によると、目下中国では、三分の一以上の都市が重度に汚染され、三分の一の国土面積が酸性雨の影響を受け、中国全土で土壌の流出面積が三五六万平方キロメートルに及び、砂漠化面積が一七四万平方キロメートルに達し、草原の九〇パーセント以上が後退し、生物の多様性が失われつつあるそうです。さらに、人類が環境から受ける被害は激化の一途を辿っています。特に昨冬から今春にかけて、北京では連日煙霧（スモッグ）の天気に見舞われ、北京住民は環境が人類にもたらす深刻な脅威を痛感しました。多くの人が外出を避け、外出する際にはマスクを必ず着けるという事態が発生したほか、子どもの健康的な成長を考えて引っ越しをする人まで現れました。これらのことは、私たちが人と自然の関係を考える上で深刻な問題があり、自然界における人類の位置を改めて認識する必要に迫られていることを伝えています。

二

実は、中国人はすでに数千年も前からこの問題について考えていました。中国の伝統文化において、人と自然の関係は常に核心的な地位を占める話題の一つでした。特に、歴史上の代表的な思想家の多くがそれぞれ異なる視点から「天人合一」という思想を提唱していました。中国の伝統文化を生み出す背景は現在と大きく異なるのは当然であるとしても、こうした伝統文化には今日においても参考とすべき価値があります。

西周時代の古歌の中で、自然と人との関係に関する詩歌が見られます。儒教の経典である『易経』には「天人協調」の思想が明確に謳われています。また、荘子は「〔人は〕心でもって天道を損ねてはならない」（不以心損道）、「人は〔自分が賢いと思って〕自然の規律を破壊したり、自然に影響を与えてはならない」（不以人助天）、「人の事をもって自然を破壊してはならない」（無以人滅天）、「何の理由もなくいのちを奪ってはならない」（無以故滅命）という自然観を説いています。つまり、人為的な行動を捨て、自然に従うべきであり、人為を捨てることで「天人合一」の境地に達することができると考えたのです。漢の時代に、董仲舒（とうちゅうじょ）が儒家思想史上初めて明確に人類の倫理的視野を天地間に広げ、道徳倫理は天地間の生態系に一様に存在し、この倫理関係は「生まれながらに備わっているもの」（与生倶来）と考えました。宋の思想家張載（ちょうさい）らは、「天人合一」の概念を明確に打ち出しています。道家も同様に、人と自然という客体間の統一を維持することを求めています。また、老子は「万物の自然に従い、決してそれらを妨げるような行動をしない」（以輔万物之自然而不敢為）として、自然に従うことを強調し、自然を至高の地位に押し上げています。道家から見れば、「万物に貴賤なし」「人と天は一つである」「天地と人とは共生し、万物と我とは一つである」ということなのです。人と生態を同じ次元に置き、一つの統一した有機体として見なし、人と天地の万物はその根源を共にし、人の一切がすべて自然の物であるということなのです。こうして、人は自然の一部となり、人の生存は自然環境と切り離せないものとなり、自然環境の中で自然に生み出され、最後にはまた自然に自然環境へと戻っていくというのです。

仏教では、仏は即ち我が心、我が心は即ち仏、物質と精神世界、物と我とは渾然一体であると説きました。

三

中国古代の農耕社会に起源を発する「天人合一」思想は、科学技術の発展にともなう制限を受け、また、自然に対する人間の認識不足を背景として移り変わってきました。そこには、人が自然等へ適応することに消極的であるという要素が、どうしても存在していました。しかしながら、数千年の歳月を経て蓄積された中国の伝統文化における「天人合一」に内包される、人と自然との正しい関係のあり方を説く思想は、私たち人類が暮らす自然環境が大きく破壊され、天然資源の枯渇に直面している今日において、人と自然が平和共存する生態系としての文明社会を構築する上で、なお多くの意義深い示唆を与えてくれるものであります。

1

認識論で比較してみましょう。儒家が説く「人と天地万物は一体」、道家が説く「天地と我は併存し、そして万物と我は一つである」の観点は、いずれも自然と人を一つの統合的な存在として考えており、人と万物を同一視し、互いに〝互いの中に互いが存在する〟と認識し、互いが融け合い、通じ合うことができるものと考えています。一方、工業化時代に入り広がった「人類中心主義」または「主客分離」の観点は、人と自然とを二元論的対極に置き、人と自然との間に拮抗関係の招来を容易にしたのです。再び「天人合一」の思想に回帰し、自然を重視し、自然を尊重し、人と自然を対等な地位に置き、一つの統合的な存在と見なして扱うことは、「人類中心主義」がもたらした弊害を克服する上で大いに学ぶべき価値があると思われます。

2

価値論で比較してみましょう。「天人合一」思想は、天地と人を一つの統合的な存在として見るだけではなく、さらにより重要なことは、人と自然が平和的に共存し、人と自然の調和ある統一を理想と見なしていることです。人は自然の産物であり、環境の産物であるとともに、その自然や環境を変えるものでもあります。人類は、自身の生存と発展のために天然資源を利用する必要がありました。しかしながら、「人類中心主義」を強調するあまり、人は自然の主人であるかのように振る舞い、思うがままに自然を征服し、やみくもに搾取して、かえって人と自然との均衡を壊し、生態系のバランスを失わせ、人類自身の生存を深刻なまでに脅かしてしまっているのです。一方、自然に対する尊重と、人と自然との調和ある統一への追求を主張し、自然を利用すると同時に、終始、人と自然との調和を最高の理想としている「天人合一」思想は、まさに「人類中心主義」の弊害を正し、「人は必ず天に勝る」「天と奮闘し、地と奮闘する楽しみは尽きない」とするような自然搾取の価値観を克服するものでもあるのです。

3

人と自然とは矛盾した統一体です。両者は弁証法的に統一された関係にあります。一方において、人類が生存するためには一刻も自然から離れることはできず、人類は労働生産によって自然との間で物やエネルギーの交換を行なっていかなければなりません。この点からいって、人と自然界は互いに繋がっており、互いに依存し合っているので、人類は必ず自然を尊重し、自然を保護し、自然と対等共存の関係でなければなりません。他方において、人類社会はもっと発展し、もっと高いレベルを目指して邁進する必要がありますが、そのためには絶えず自然を改造していかなければなりません。人類の科学技術の絶え間ない発展に伴い、自然を改造する力も増大し続け、自然はすでにいたるところで人為的な痕跡が見られる「人工的な自然」になっています。この点からいって、人と自然は矛盾する関係にあります。農耕文明時代においては、人類は自然に対する認識に欠け、科学技術が未発達で、生産レベルが低かったため、人と自然は協調して共存し、相対的に良好な関係にありました。この時代においては、人は常に自然に適応し、自然に従属することで「天人合一」を実現しなければなりませんでした。ところが、工業文明時代になると、科学技術の発展に伴い生産レベルが向上したため、自然を征服し、改造し、利用する人類の力が不断に増大し、人と自然との関係は疎遠になっていきました。この時代には、「人類中心主義」や「主客二分論」が過度に強調され、人と自然との関係は「主人と奴隷」の関係に変わってしまいました。人類は、巨大な物質的な富と財産を得ましたが、同時に環境汚染や資源枯渇等の自然による報復も受けているのです。

目下、〝生態文明〟の建設は多くの人々の共通認識となっています。すなわち、生態系が良く保たれる文明の建設と持続可能な発展という目標を達成する上で、人類は自己と自然との関係を改めて再認識し、評価し直すことが求められています。人と自然との協調した共存に着目し、人と自然との調和した統一を追求する「天人合一」思想は、私たちに大きな示唆を与えてくれるでしょう。「天人合一」の思想に潜む消極的な要素を取り除き、時代のニーズに合った新しい意味を付与し、その思想の教導に従って伝統文化の影響を大きく受ける中国人が、自然を認識し、自然との関係に正しく対処することは、生態文明の建設と持続可能な発展を目指す社会にとって十分に大きな現実的意義を持つものでありましょう。

（翻訳・金永完）

仏教の縁起法的観点から見た東北アジア共同体の必要性

性圓

仏教の縁起法的思考において、すべての人と人、人と自然、また自然と自然は相互依存的存在である。この縁起的思考は、我々が生きている社会も相互依存的関係から成り立っていると教えてくれる。人と団体、団体と団体、個人と国家、国家と国家が関わり合っている姿を有機的関係性の観点から観察しようとするこの姿勢は、初期仏教から現在の仏教を貫く基本教義である縁起論的世界観の中に綿々と繋がっているものである。

このような考え方を拡大してみると、すべての命と環境も密接に相互依存的関係を結んでいるということが分かる。従って、我々個人と個人、団体と団体、国家と国家、ひいては自然環境と人も、お互いに助け合う存在として相互依存性を有しているのである。

縁起論的観点から周りを観察してみると、あえて「生命と環境」というテーマを取り出す必要もなく、我々は常に相互依存的状態の中に置かれているということが認識できよう。隣接した東北アジアの国々がお互いに有機的関係性を持つ存在であることを思い起こし、その関係をより緊密にして協力していくために、環境問題をテーマにし、そこから東北アジア諸国における共通点を見出そうと試みるのは、極めて意味深いことであると言えよう。

特に、最近の自然災害はその規模が大きく、さらなる問題として、災害が自然の作用に起因するだけではなく、人間が設置した施設によって二次的、三次的災害に繋がり、連鎖的に起きる形で現れている。自然災害そのものが発生した際には、共同体精神を発揮し、緊密に協力しながら、慰め合い、励まし合い、また助け合うべきである。ただし原発のような人工的施設の場合は、その事故による二次的災害の発生可能性も念頭に置いて、その対策を講じていかねばならないであろう。さらに、国境を越えて広い範囲に影響を与える施設に対しては、それを建設する段階からお互いに関心を持って対処していく必要があろう。

東日本大震災による地震と津波、そして福島第一原発事故による日本の被害は、言葉では表現できないほどのものであった。この事故による韓国への直接的な影響はなかったと発表されたが、地理的に隣接し、多くの原発を保有する韓国の国民に対して大きな不安を与え、原発問題を自分の身近なものとして深刻に受け止める契機となった。福島の原発事故を目の当たりにし、韓国仏教をはじめ多くの宗教団体は救助の手を差し伸べ、さまざまな支援活動を行なった。また、事故はあまりにも近いところで起きたので、いつかは地理的に近い韓国にも、その直接的な影響が及ぶであろう。

規模がますます大きくなっていく自然災害や、それと連鎖して発生する二次的災害に対し、お互いに関わり合い、有機的関係を結んでいる我々は、隣人として、このような災害による被害が相互依存的関係の損失にも繋がるという縁起的観点から、災害を防ぐための意識を共有し、共同体的意識をもって緊密に協働するための基盤を整えていかなければならない。

（翻訳・金永完）

生態系保全の宗教倫理

薗田　稔

一、はじめに　万物共生観へのまなざし

現代社会がグローバルに当面する環境問題について世界の諸宗教が積極的に関わることの可能な分野に、全人類を含めた地上のあらゆる生物の生態系を保全するための生命倫理を再構築して、いかに現代人すべての心根に訴えることができるかという課題があります。

かくいう私もまた、一介の宗教学徒と神道人という立場で、二〇数年来この課題にも関わりつつ、日本の宗教文化に内在する生命的エトス（倫理的気風）をさまざまに模索してきました。実践的にも現代思潮を支配する機械論的生命観を折ごとに批判しながら、いわ

ゆるエコロジー運動を下支えすべき霊的生命観の拠点でもある社叢（しゃそう）（鎮守の森）文化の啓蒙や保全育成に取り組んできたのも、そのささやかな試行の一端です。

また国際的には、一九九二年六月のリオ'92地球サミット（国連環境会議）で同時開催されたグローバル・フォーラム（精神的指導者会議）では「環境の危機は精神（心）の危機」との共通理解を学び、一九九七年と九八年にハーバード大学と国連環境計画が共催した『宗教とエコロジー』学術会議では「我々の倫理は今まで人間のgeno-cide（集団虐殺）やsui-cide（自殺）を論じてきたが、terra-cide（大地殺し）やeco-cide（生き物殺し）に思い及ばなかった」という主催者の述懐を得てきました。近年はＷＣＲＰ（世界宗教者平和会議）日本委員会の諸活動に参加するなかで、世界の平和構築に宗教ならではの貢献があるとすれば、それは諸宗教が共有する霊的生命観にこそ由来すべきだと考えるに至っています。たとえば、一九七〇年に京都での世界大会で設立されたＷＣＲＰが、三六年ぶりに京都で第八回の世界大会を二〇〇六年八月に開催した折の大会テーマ“Religions for Peace : Confronting Violence and Advancing Shared Security”を日本委員会が邦訳して「平和のために集う諸宗教――あらゆる暴力をのり超え、共にすべてのいのちを守るために」と銘打ったことにも、日本人宗教者が伝統的に共有する平和観と環境観とが端的に示されているのです。しかしながら実は、こうした「いのち」と和語で表現する霊的生命観をめぐっては、古代インド由来の不殺生戒にも共通する生命倫理の宗教習俗に立ち帰るべき課題だと考えています。

今回は、こうした年来の課題に少しく光を当てる試みを報告して責を果たしたいと思っています。

二、「草木虫魚に命あり」——日本人の生命倫理

1 「諸虫供養」という習俗

二〇〇九年春のある会合で、日本の民俗音楽を専攻される小島美子(とみこ)先生（国立歴史民俗博物館名誉教授）と交わした四方山話のうち、たまたま福島県の奥会津に残る「虫供養」の話に心を打たれて後日頂戴した、先生寄稿の福島民報のコラム記事は次のような文章でした。

大沼郡三島町早戸地区の方々が毎年行っている虫供養について『文化福島』という雑誌の昨年十二月号が詳しく紹介している。昔から行われてきたものだが、何と耕作のために駆除した虫たちの霊を弔う行事だというのである。この町には虫送りなどの行事もあるのだが、駆除してきた小さな虫たちにも生きる命があるから「殺してしまうのが申し訳なく感じるという。虫供養は、やむを得ず殺してしまった虫の霊に、静かに眠ってほしいという願いが込められている」というのである。何と優しい心だろうと私は胸を打たれた。そういえば宮崎県の山村の椎葉村では、焼き畑のために火をつける前に、山の神に火をつける許しを乞うだけでなく、小さい虫たちも早く逃げるようにと呪文を唱えるのである。山々の恵みに深く支えられてきた人々は、ずっと昔からそれに感謝し、自然と共生するというよりも、自分たちは自然によって生かされてきたと感じているのである。だから虫たちの命も大切なものと感じ、考えてきた。

（福島民報「日曜論壇」平成一七年一月一六日）

小島先生は、続く文章で早戸（はやと）地区の虫供養の様子を記し、それに類する習俗にも言及して現代にもさまざまに残るアニミズム的心情を指摘したあと、「もしも世界中の人々が日本人のように異教に対して寛容な心をもち、万物に命を感じて大切にするならば、世界は平和になり、地球の環境も守られるであろう。」と結んでおられるのです。

かねて日本人が共有する万物生命への心情を問うてきた私は、この虫供養をじかに学びたいと、二〇〇九年九月に一人の学友を誘って現地の小集落を採訪してみたのでした。

あいにく旧暦十月十日の初冬の行事ということで、じっさいの虫供養を採訪できたわけではないのですが、村はずれの墓地の一角にある供養塔を確認し、一軒の老夫婦にはじっくりと話を伺うこともできました。また唯一残る例というのが信じ難く、早戸地区の菩提寺で毎年の虫供養に掲げる供養札を頂くという隣り町（金山（かねやま）町）の高林寺を訪ねると、やはり墓地の一角に「諸虫供養塔」があって、盆や彼岸に檀家が墓参りする折にはこの石塔にも参るのが常で、特に日を定めての行事は廃れても、こうした慰霊の名残りは会津一帯に見られることを確かめることができたのです。

そこで、改めて「虫供養」の習俗を全国に求めてみると、たとえば愛知県知多半島の農村部や大分県南部の佐伯市など、やはり各地に現行の事例を学ぶことができました。

私は、その詳細は別にして、これは単なる心情として片づけてはならぬと実感しました。日本人として疎かにしてはならぬ命への率直な心情で、それなりの現実（リアリティ）だと考えたのです。

なぜなら、現代でも各種の魚類供養から動物供養、筆供養、針供養、人形供養にいたる習俗行事はもとより、広くシロアリなどの病害虫駆除の業界や大学医学部での解剖人体をはじめ各種研究施設での実験動物など、およそ先端科学技術の研究にも及ぶ、いわば万霊供養の事例は現代の日本社会にこそ枚挙に暇（いとま）あらずだからです。

2 「草木供養」という習俗

ところが最近、もう一つの注目すべき「草木供養」という宗教習俗が東北地方の山形県米沢（よねざわ）盆地に現存することを知り、改めて現地に赴き実態を確認することができたのです。

一般にいう「草木塔」とは、「草木供養塔」とも「草木供養経」、「山川草木悉皆成仏」などという碑文が刻まれている石塔で、国内に一六〇基以上の存在が確認されています。

近代の明治・大正時代までは米沢にだけ二一基が建立されたが、昭和・平成時代になると、同地に四六基のほか県内他地方に四七基ばかりか、県外の東京都内一〇基をはじめ京都や奈良などにも合計二〇基が新たに増加するなど、いっきに分布が拡大するのです。

このような草木供養塔が、江戸時代中期にまず米沢盆地の山間部に建立されて以来、近現代を通じて山形県から全国にまで新たな建立が拡大してきた、その建立動機には歴史的な起源から現代的意義にいたるまでさまざまな研究と解釈がなされていますが、本稿では、ただその最古の草木塔と最近の建立事例との二つだけの例を紹介するにとどめます。

その一つは、安永九年（一七八〇）に田沢地区に建立された二基の内の一つ、口田沢（くちたざわ）の大明神地内に現存する草木塔には、その正面に「一佛成道　観見法界　草木国土　悉皆成佛」と刻まれているという事例です。そしてこの文言は、平安末期の播磨に住む天台学僧のひとり道邃（どうずい）の著書『摩訶止観論弘決纂義』巻一に見ることができ（但し、大日本佛教全書第十五巻所載の同書当該文言では、「悉皆」が「皆悉」とある）、また鎌倉初期の叡山の学僧、証真の『止観私記』巻一本にも同じ文言が見えるという指摘だけを紹介しておきます。

もう一つは、「やまがた草木塔ネットワーク」が紹介している山形県鶴岡市の山王日枝神社境内に平成十九年（二〇〇七）六月に建立された「草木食の塔」と、その神職による供養祭の事例です。

それによると、この塔は地元で漬物を商う老舗「佐徳（さとく）」が建立し、毎年の六月十八日に供養祭を行なっている例で、塔の裏側に刻まれた御奉納趣意書には、「天地自然の恩恵」と題して「山川海野の幸に感謝し、生かされて生きてきた道を思い、その精霊を供養・鎮魂いたすことを目的に、ここに感謝祭を執り行なわせて頂きます。」と書かれているのです。

三、終わりに「物質文明」から「生命文明」へ

日本の神道文化においても、我われに命を托（たく）し我われを生かしめている先祖や自然のはたらきを目に見えぬ命の霊性として神とし、その神々を祭ることで神人（しんじん）一体の共存共栄を祈ってきました。わが命は、親を通じて神々や祖先から托され、またわが死を通じてわが子孫や自然の命に托されていく。われもまた、その生死を全うするなかで、やがて子孫が

祭ってくれる祖霊となります。そこには、人も人びとを生かしめる万物も、すべて命を共有する神秘な世界への祈りがあるのです。

日本仏教の伝統にも、「一切衆生悉有仏性」という偈が広く経論や文芸にもてはやされ、また「草木国土悉皆成仏」や「草木成仏」なども教説ばかりか謡曲や物語などにもよく引用されています。そうした日本の大衆文芸や郷土芸能のなかでも、生類の有情ばかりか木石の無情にまで一切の万物に「仏性」という名の生命的霊性をも認めてきたのです。現代にも根強く伝えられている「万霊供養」や「生類鎮魂」の習俗からみても、人が万物に生かされて生きるための懺悔滅罪の本意をこそ尊重すべきでありましょう。

西欧文明がもたらした現代の「物質文明」は、やはり万物を人類繁栄のための神の被造物とみなした世界観の世俗化した結果に違いないのですが、それでも、その申し子でもある生命科学が長足の進歩を遂げるなかで、まさに地上の全生命が遺伝子を共有し生態系の共生関係にあることを客観的事実として明らかにしたのも他ならぬその成果でもあります。

そこで今は、このエコロジー的事実を直視した上で、物心ともに豊かさをもたらすスピリチュアルな「生命文明」の実現へと共に心がけるべき時代ではないでしょうか。

「天人合一」――自然を慈しむ

馬　玉祥

尊敬する議長

尊敬する友人の皆さま

中国宗教者和平委員会（ＣＣＲＰ）を代表し、皆さまと一緒に「生命と自然」をテーマに討議できますことをとても嬉しく思います。

荘子は、天地は言葉にできないほど美しいと述べました。事実、自然は言い尽くせないほどの大きな徳を以て人類に接しています。我々に生きるための物質的な富のみならず、精神的な豊かさや心の拠り所も無尽蔵に与えてくれます。もう一度、人と自然との調和ある関係を築き、環境を保護し、資源を節約することは、全人類の共通の使命です。各国や各民族、各団体や各個人は、当然の責務として行動を起こすべきです。

最大の発展途上国である中国にとって、環境がもたらすストレスや資源の問題は際立っています。ここ三〇年、中国は気候変動、環境保護等に対する取り組みにおいて弛まぬ努力を続け、積極的に貢献して参りました。森林被覆率の面では、持続的かつ大規模に農地を森林に戻し、植樹造林を行なった結果、世界でも最大の人口造林面積を誇る国となりました。目下、中国は国民の経済・社会における発展を目指す「第一二次五カ年計画」を実施しており、「資源を節約し、環境にやさしい社会づくり」を掲げ、温室効果ガスの排出削減、資源の節約、土地利用の集約化、汚染処理等の各面で具体的な措置を策定し、エコ・フォーズへの決議をより明確にしています。二〇一二年には、生態文明（生態系が保たれる文明）建設を経済建設、政治建設、文化建設、社会建設と等しく重要な課題として提唱し、環境保護の重視をかつてないほど高い位置に引き上げました。

中国は歴史上、自然と親密な関係を構築し、「天人合一」の文化を伝統として参りました。中国の宗教界もまた、人と自然との調和のとれた共存を教えてきました。仏教では、万法（あらゆるもの）に仏性（仏の本性）があると考えています。それゆえ、国土を清浄に保ち、自然を敬愛することが仏教徒の生来の使命だとしています。道教では、自然界全体の調和と安寧を守ることは、人類が生存し発展するための重要な前提であると考えています。『太平経』の中で、人の命は天地にあり、安寧を欲する者は、先にその天地を安寧にすれば、長い安寧が得られると説いています。即ち、人類は発展を追求する過程で、自然のルールを認識して把握し、自然界の生態環境の許容限度を十分に考慮すべきであり、天然資源を過度に開発し、生態系のバランスを壊すことは避けなければならないと伝えているのです。また『古蘭経』（コーラン、クルアーン）には、「山に向かって呼びかけても、山はあなたに向かって来たりはしない。あなたが山に向かって行くのみである」と書かれています。この言葉は、人は自然と共存し、自然に依存するものだとする真理を説いています。『聖経』（聖書）には、神は人類に大自然を大切にするよう求め、大自然に自己回復と休息の時間を与えるために休息日を設けられたと書かれています。

それぞれの宗教による教えのもと、中国の宗教信徒は積極的に環境保護に貢献していています。例えば、中国仏教協会は信徒やボランティアに植樹や森林保護を奨励するほか、廃油を使ってエコ石鹼をつくる研究も積極的に行なっています。また、中国キリスト教の国による二つの組織では、それぞれの青年会がゴミの分別、湿地の保護、砂漠の緑化等の公益的な環境保護活動を行なっています。中国イスラム教協会は、イスラム教徒に節約励行、浪費反対を呼びかけています。道教教会は、一九九五年に『世界生態宣言』を発表し、現在は世界宗教環境保護基金会と合同で八年（二〇一〇―二〇一七年）にわたる環境保護プロジェクトを展開しています。

ある有名な中国人作家は、「宇宙は一つの大きな生命であり、我々は宇宙の大気中のわずかな空気を吸って生きている」と述べました。美しい山や水、青々とした海や空、その自然の美しさを失って現代化を続ける都市では、おいしい空気も、鳥のさえずりも失われ、活動していた生命も枯れて萎(しぼ)んでいきます。世界の水は互いに繫がっており、空気は一体となっています。環境問題に関しては、人類は運命を共にしており、一人として傍観者で居られる者はいません。問題の転嫁を少なめにし、責任意識を大いに持ちましょう。一滴の節水、一度の節電、一本の木や花を植える等、身の周りの小さなことから始め、自分たちの住む街のエコ活動から始めれば、その効果は全体に広がり、将来に繫がることでしょう。

皆さま、宗教は、人々を物欲から解き放ち、心の底から道徳や責任、慈悲の力が湧くように導いてくれます。環境悪化というグローバルな問題に直面し、我々は宗教の教えを、大自然を敬い、自然環境の保護という確固たる信念へ昇華させ、自然環境の保護のための行動を起こすべきです。皆さまが共に努力すれば、必ずや我々の住む世界を、真の意味で人と自然が調和しながら共存する幸福の地にすることができると信じております。

ご清聴、有り難うございました。

（翻訳・金永完）

第二セッション

「いのちと国際協力」

「平和への権利」の協働を目指して

山本俊正

一、はじめに

二〇一一年三月一一日に起きた東日本大震災と福島第一原発事故から二年四ヶ月が過ぎようとしています。四月の復興庁の発表によると、全国の避難者の数は三〇万九〇五七人、福島県に限定すると、県内には九万八〇〇〇人、県外には五万五〇〇〇人以上の避難者が生活基盤を失い生活していることになります。震災、原発事故から半年後、二〇一一年九月に開催されたIPCR（韓国宗教平和国際事業団）国際セミナーでは、東日本大震災をめぐる津波、原発事故という複合災害が日本だけの問題ではなく、東アジア平和共同体の問題として議論されました。東日本大震災に関するセッションでは、震災の被災者のために、世界各国、特にアジアの国々から多額の義援金が送られ、救助隊の派遣など人道的支援が行われたことが報告されました。「普通、人間は憎しみの心で誰かを支援することはできない。助けようと思うときにはすでに慈悲憐憫の心を持っているのであり、助けようとする心が生まれた瞬間に、憎しみは消え、愛の心を持つようになるのだ。」と報告者が発言したことが、今でも耳に残っています。東アジア平和共同体が震災を契機にアジアの隣人たちによって、共に持っている物を分かち合い、助け合うことを通して実現していることを伝える報告でした。原発事故は人災ですが、自然災害、震災等は日・中・韓を問わず、どこでも起こりうることです。「いのち」の大切さを分かち合う、国際協力、人道的支援は、東アジア平和共同体（協働体）の共通分母であると言えます。本発題では、過去、数回のセミナーで提示された、平和共同体から co-working（協働）へという基本的な議論のベクトルを踏まえながら、「平和への権利」という新しい動きを手がかりにして、東アジアの平和共同体の構築のための共通基盤（Common Ground）を探ってみたいと思います。

二、「いのち」と「分際」

数年前のことですが、分子生物学者の福岡伸一さんが朝日新聞の「夏の基礎講座――いのち」のページに、人間の「いのち」の不思議さについて書いていました。その中で、福岡さんは、「理想の生き方は、ゆっくりごろ寝が最高」という考え方に賛同しています。私も、これに賛成です。暑い夏は、なるべく外には出ず、家の中で静かにしているのが一番だと思います。本を読んだり、ゴロ寝をしたり、夜はテレビで野球観戦をして、リラックスします。勿論、私が応援している読売ジャイアンツが負けると、心中穏やかではなく、ストレスになったりしますが、基本的にはゴロゴロしているのが「いのち」の洗濯になります。生物学者の福岡さんによると、もともと、生物はレイジー（怠惰）な存在であるとのことです。例えば、水族館に行くと、ほとんどの魚は波の揺れに身を任して、できるだけ泳がないようしています。アリも実は、二割ぐらいは働いているフリをしているそうです。これは、「レイジー、怠け者であれ、自由であれ」と遺伝子が命じているからだそうです。ジュウシチネンゼミ（十七年蟬）というセミは地中に一七年間生活して、最後のわずかな時間だけ、地上に出て、交尾をして、一生を終えます。何と効率の悪い生命体と思えるかもしれませんが、このセミの一生の本質は地面の中での一七年間にあるわけです。誰からも干渉されずに、ぬくぬくと生活し、特に思い悩むこともなく、木の根っこから樹液を吸って生活をするわけです。確かに、動物の世界には、弱肉強食という関係が存在し、「食うか食われるか」の中で生きていますが、ある生物が、仮に一方の生物を食べ尽くしてしまったら、それは結果的に自らも死ぬことを意味しますので、そうならないように、生物、動物の世界では、絶妙のバランスが保たれていて、ある程度、自分を守るために禁欲的に生きているとのことです。これを、他の言葉で表現すると、生物学の世界では、「分際」というのが重要なキーワードになります。アゲハチョウの幼虫だったら、ミカンやサンショウの葉っぱを食べ、キアゲハの幼虫だったら、パセリやニンジンの葉っぱを食べる。このように、同じチョウチョウでも限られた資源や環境の中で、他の種と争いを起こさないように、すみ分けを行い、「分際」をわきまえて生きているわけです。考えてみると、人間は無益な競争に明け暮れて、自分の欲しいものがあれば、手段を選ばずにそれを奪うことに奔走する。それが、かなわなければ、他者の「いのち」まで奪う戦争を始める。東アジアの平和共同体が、なかなか実現しない原因の一つには、この「分際」をわきまえない生き方、自己中心的な過剰な競争を良しとする価値観があるのかもしれません。私の大学時代の恩師の一人である戴國輝先生は、台湾出身の先生ですが、日本語には、「自分」という言葉はあるが、「他分」という言葉がないと言っていました。「いのちと国際協力」を考える時、他者の「いのち」の尊厳性、他者の存在を自分と同様にかけがえのない「他分」の「いのち」として見る視座を基本としなければなりません。

三、キリスト教の「いのち」と人間への基本的視座設定

「いのち」という日本語は「命」という漢字を当てる場合と、「生命」という漢字で表現される場合があります。最近はひらがなで「いのち」と表現することもあります。漢字の本家の中国の参加者の皆さんには未確認ですが、「命」という漢字は令に口が加わったも

ので、王の命令を口で告げるという意味があるようです。いのち＝「天命」と表現されたりします。「命」は「生まれる」という受動態が示すように、自分勝手に操作できるものではありません。日本語の「生命」（いのち）は生物学的なニュアンスがあります。生命保険とか生命維持装置とか、「せいめい」と発音され、「いのち」を生物学的にとらえています。現代社会で多様な意味で使われる「いのち」の視点設定を聖書に尋ねてみたいと思います。

旧約聖書の最初に創造物語と呼ばれる物語（「創世記」）が書かれています。世界と人間の創造について神話的なスタイルで描かれています。創造物語は、いわゆる歴史や科学的事実を述べているわけではありません。古代人の筆によるものですから、当然、当時の世界観やものの見方を反映しています。創造物語は、メソポタミア地方の神話、伝説が取り入れられ、物語が書かれています。聖書はもともとが科学書ではなく、世界のあり方や人間の「いのち」、そして、生きる意味について語ろうとするものです。人間創造の記事は「創世記」の冒頭に、二通りの違った形で書かれています。一番目は、一章二七節以下で、「神は御自分にかたどって人を創造された。神にかたどって創造された。男と女に創造された。」と書かれています。二番目は、二章の七節で、次のように描かれています。「主なる神は、土（アダマ）の塵で人（アダム）を形づくり、その鼻に命の息を吹き入れられた。人はこうして生きる者となった。」命の息とは、「ルーアッハ」とヘブライ語で言い、霊という意味にもなります。一章は紀元前六世紀頃、二章はもっと古く紀元前一〇世紀頃に書かれ、その内容はかなり異なっています。こんなに違った人間創造の記述が二度も出てくるのは、聖書が複数の記者によって書かれた証拠です。しかしこれらの記事を書いた作者たちも、人間が神によって形を与えられ、そこに「いのち」の息吹を吹き込まれた存在であることは共通しています。日本語では人が死ぬと、「息を引き取った」と言いますが、聖書的には人間の「いのち」の息を引き取るのは創造者である神ということになります。

ここで注目したいのは、「創世記」一章二七節に描かれている、神の似姿としてつくられた人間の意味です。「神の形」とはラテン語で「イマゴディ」といい、英語では image と訳されています。つまり、人間とは、神の姿を鏡に写したような存在であるということです。人間を見ると神を思わずにはいられない存在であるということです。間違ってならないのは、私たちが神であるのではないということです。神の似姿に私たちがつくられたということは、一人一人の中に神性が宿り、大切にされねばならない存在であるということを意味しています。私の隣にいる人を傷つける時、それは、隣の人を傷つけているに止まらず、神を傷つけていることになるのです。また、隣の人の喜びを共に分かち合うとき、それは、神と共に喜びを分かち合うことになるのです。当時、この物語が書かれた頃は、「神の形」「神の像」は、王や権力者に似せて造られていました。ですから、神というのは時の権力者を指していたのです。日本でも戦前、戦中は天皇が神で、天皇は現人神として日本の人々に拝まれていました。しかし、聖書は人間が、神の似姿としてつくられたとしています。この箇所は、西欧で生まれた「いのち」と「人間の尊厳性」をかけがえのないものとする、「人権」思想の基になっている箇所としても知られています。人間は神につくられた存在として価値があり、その人がどのくらい能力があるかということに関係なく、存在として平等に尊重されねばならない人権を有しているということです。これは能力主義と真っ向から対立する価値観といえます。キリスト教の人間観には、人の能力の大小、高低にかかわらず、一人一人がこの世に「いのち」を受けた、かけがえのない存在であることに価値を見ています。

四、「平和への権利」と「人権としての平和」

この数年間、世界宗教者平和会議（ＷＣＲＰ）で、平和の問題を議論する時に、鍵概念として必ず登場するのが "Shared Security" です。この "Shared Security" を、日本の外務省は、「支え合う安全保障」と翻訳していますが、ＷＣＲＰでは、「共にすべてのいのちを守る」と意訳しています。手前味噌になるかもしれませんが、外務省の訳よりも、ＷＣＲＰの訳の方が、はるかに良いと思います。「支え合う安全保障」はその主体が国家であることを連想させます。また、その結果、これまでの「抑止論」の枠組みの中での「軍備」の均衡による平和維持に結びついてしまいます。これに対して、「共にすべてのいのちを守る」は、主体が国家ではなく、「いのち」にあることを明らかにしています。この「いのち」は人間だけに限定しない、全ての「いのち」を想起させます。平和の実現は、一つ一つのかけがえのない「いのち」の尊厳が、共に守られることによって可能となります。最近、この「いのち」を主体とする平和の実現に関連して、国際的なレベルで、注目すべき動きがあります。国連の人権理事会で「平和への権利宣言」が準備されていることです。通常、平和に関連する議論は、国連の安全保障理事会で討議されてきました。これは、平和が国家と国家の枠組みの中で議論され、戦争が国益を守るための政策決定の一つであるにすぎないという現実主義を反映しているからです。ですから、平和の問題が「権利」として議論され、「人権」として認知されることは、画期的なことと言えます。平和の課題が、人権理事会で議論されるということは、平和の主体が人間であり、戦争による「いのち」への脅威が人権の重要な関心事項であることを意味しています。人権理事会で現在進行中の「平和への権利宣言」は、市民や団体が政府や国に対して平和を求めることができる「権利」主体となることを前提としています。調べてみますと、「平和への権利」を国連総会での人権宣言として確立しようという動きは、二〇〇六年から世界のNGOによって起こされました。また、二〇〇〇年頃から、国連人権委員会で平和への権利をめぐる議論が始まり、それが国連改革後に人権理事会に引き継がれています。二〇〇五年には、スペインのNGO、スペイン国際人権法協会が結成され、平和への権利宣言を求める運動を開始しています。このスペイン国際人権法協会は現在の宣言文の草案にも大きな影響を与えたと言われています。国連人権理事会での「権利宣言」案の背景には、これに先立って、世界の多くのＮＧＯが結集し、多くの専門家の協力を得て、様々な宣言文がＮＧＯによって発表されていることが挙げられます。その代表的な宣言文が二〇一〇年の「サンティアゴ宣言」です。この宣言では、良心的兵役拒否の権利や、外国軍基地の段階的廃止など平和を実現する先進的な権利が含まれています。また、平和への権利を実現するための監視機構の設置が提案されています。国連人権理事会で「平和への権利」の議論をリードしてきたのは、キューバを初めとする「第三世界」諸国で、北朝鮮やロシア、中国も賛成しています。これに対して、強く反対しているのがアメリカ、ＥＵ諸国、日本です。「平和」を大切にし、「人権先進国家」と思われている国々が反対しているのは、ちょっと不思議です。平和を個人や集団の権利として認めてしまうと、国益を守るための政策の一部として、戦争がしにくくなるということかもしれません。また、個人が平和を求める権利を行使すれば、個人を戦争に強制的に送りこむことが難しくなります。徴兵制度にも応じず、戦場で武器を取って敵国の兵士を殺すことを拒否する、良心的兵役拒否者が増加することも考えられます。また、核兵器の使用や原子力政策に対しても、それが「いのち」を脅かすものであるならば、市民や団体は「いのち」の安全を国家に請求することが可能になるわけです。

東アジア平和共同体を構築しようとする時、共同体を構成する一人一人が主体となり、「人権としての平和」を権利として、求めることができるようになることは、"Shared Security"（ともにいのちを守る）を、市民のイニシャティブで促進することに繋がります。平和を脅かすものを克服する主体が国家ではなく、原則として私たち一人一人がその担い手になるからです。国家や政府に大切な平和の意思決定を丸投げする人が少なくなることは間違いありません。この原理を東アジア平和共同体の共通基盤（Common Ground）にしていくことは、非現実的な夢物語でしょうか。平和共同体の構成員ばかりではなく、自然環境や生態系を含む全ての「いのち」を脅かす様々な非平和要因への強力な対抗軸になることは間違いないと思われます。

五、日本の平和憲法の可能性――アジアの人々の「いのち」を守る協働

今回の私の発題は「手前味噌」が多くて申し訳ないのですが、「ともにいのちを守る」国際協力が「平和への権利」を確立することによって促進されるとするならば、日本にある平和憲法は、その基軸となる可能性を秘めています。平和憲法の前文には、「われらは、全世界の国民が、ひとしく恐怖と欠乏から免かれ、平和のうちに生存する権利を有することを確認する。」と書かれています。「灯台下暗し」とはこのことです。平和憲法の前文は明確に、平和的生存権を明記しています。「平和への権利」宣言のまさに先取りをしています。日本の平和憲法の先駆性に感銘さえ受けます。さらに日本国憲法では、第九条で戦争の全面放棄と戦力の不保持、非武装を掲げています。第九条の一項と二項は以下の通りです。一項（戦争の放棄）：「日本国民は、正義と秩序を基調とする国際平和を誠実に希求し、国権の発動たる戦争と、武力による威嚇又は武力の行使は、国際紛争を解決する手段としては、永久にこれを放棄する。二項（軍備および交戦権の否認）：「前項の目的を達す

るため、陸海空軍その他の戦力は、これを保持しない。国の交戦権は、これを認めない。

私は法律の専門家ではありませんが、平和憲法の前文と九条を結合すると、日本国民は政府に対して、平和を請求する権利があり、戦争を拒否する権利が与えられていると解釈できるのではないでしょうか。また、日本国憲法には一三条の生命権や二五条の生存権がありますので、平和的生存権を行使すれば、「いのち」を脅かす戦争、核兵器、また原発などから自分を守ることが保障されていると、解することができるのではないでしょうか。そして、憲法前文では、平和的生存権の主体が「全世界の国民」とされていますので、日本人だけでなく、東アジアに生きる人々の「いのち」を共に守ることが謳われていると解釈できると思います。この点は、日本でも最も多くの法律家を輩出してきた中央大学法学部の先生を長くされていた眞田芳憲先生にも、ご意見をお聞きしたいところです。

これは、随分前のことになりますが、宮城県仙台市に住む知人が、憲法九条の条文が書かれている、「瓦センベイ」を送ってくれました。一袋、五枚組のセンベイで、一枚、一枚に順番に憲法九条が書かれており、全部を食べると、九条一項、二項がお腹に入ることになります。「瓦センベイ」は、量があるので、全部を一度に食べるのは、大変でした。

しかし、この「九条センベイ」を食べながら、私が、考えたのは、戦後六八年間、私たちは、また、日本は、戦後の原点である平和憲法を、自分たちの血とし、肉としてきただろうか、という疑問です。つまり、憲法九条をセンベイとして食べるように、自分の大切な一部分として、内在化し、日常化し、自分たちの大切な原理、思想として、伝達してきただろうかということを考えたわけです。

ここ数年、繰り返し、繰り返し、中国や韓国の人々から問われる、「歴史認識」についても、憲法九条と同様なことが言えると思うのです。私たちは、自分たちが負っている過去の加害の責任について、歴史認識として「お腹の中にいれ」、体内で感じる記憶としてきただろうかということです。一九世紀末から二〇世紀の前半、アジアで起きた戦争を列挙してみると、日清戦争、米西戦争、日露戦争、第一次大戦、シベリア出兵、山東出兵、満州事変、日中戦争、第二次大戦と、その大多数は、日本が単独で起こした戦争です。多くのかけがえのない「いのち」が奪われました。アジアの人たちは、このことを容易に忘れることはないと思います。もし日本が存在しなければ、アジアは大変平和な地域だったかもしれません。戦後は九条のおかげで戦争だけでなく、日本が直接戦闘に関わることはなく、戦闘員として死んだ人は一人もいません。まもなく行われる参議院選挙後、「改憲」の動きが加速することが予測されています。与党自民党は憲法改正草案をすでに発表しています。その草案では憲法九条の二項は削除されています。このような日本の現在の状況が、アジアの人たちを、心配させているのではないかと、気がかりです。六八年前の恐ろしい日本に逆戻りすることをアジアの人々は望んでいないと思います。今まで、かろうじて日本の「歴史認識」を保護してきたのが、「憲法九条」でした。アジアの人々が平和に暮らそうとする時、東アジアに「平和の共同体を築こう」とする時、実は、日本の憲法九条が大切な役割を果たしています。戦後、「悔い改め」の証として誕生した平和憲法は、過去に被害を受けたアジアの人々にとって、日本が二度と「戦争をする国」にならないための、大きな歯止めでした。「九条」はアジアの人々にとって、自らの平和と「いのち」を保障してくれる、「生命保険」とも言える存在だと思います。

米国、カリフォルニア大学バークレー校で教えていたチャルマーズ・ジョンソン教授は、ドキュメンタリー映画『映画 日本国憲法』のインタビューの中で、日本の平和憲法、特に九条は、第二次世界大戦で日本の軍国主義に踏みにじられたアジアの人々への謝罪である、と述べています。私は、憲法九条は、日本が戦争をしない歯止めであるだけでなく、アジアの人々の「いのちを守る」国際協力に大きく貢献するのではないかと、「手前味噌」に考えています。また、この先駆的な平和憲法が「改悪」されないように、アジアの人たちと協働することはできないだろうかと、「いのちと国際協力」の思いを膨らませています。

未来志向の中・日・韓三カ国協力について

馬　俊威

はじめに

中・日・韓三カ国では、いずれも先ごろ新政権が誕生しました。これは、未来志向の中・日・韓三カ国協力を推し進めるうえでプラスの材料です。とはいえ、論争になっている島嶼の領有権問題と歴史認識問題をめぐっては、中日、日韓とも明らかに関係が悪化しており、三カ国の間では現在に至ってもなお首脳会談が行なわれておらず、問題解決の糸口も見えてきません。

経済のグローバル化が進む中、中・日・韓三カ国の経済的な役割は明らかに増大し、アジア、そして世界への貢献においても、その一挙手一投足が影響を与えるほどに重要なものとなっています。東アジアの安全保障問題、FTA（自由貿易協定）およびEPA（経済連携協定）の枠組み内での経済協力、環境問題、伝染病などの対策において、中・日・韓の間には大きく協力の余地があり、このような地域的な課題とグローバルな課題とを共に解決してゆくことは、三カ国の政府の責務といえます。

しかしながら、中日関係と日韓関係は容易に改善できるものではありません。強烈な民族主義的思潮によって、中日間、日韓間双方の国民感情は悪化し、政府間の不信感も増大しました。領土問題、歴史認識問題の解決は過去に例を見ないほど困難さを増し、和解の道を探ることの重要性はまさに焦眉の急です。平和維持、共同繁栄という戦略的見地に立ち、「大同を求め、小異を残す」の精神に則って、三カ国が対話の扉を全面的に開け放ち、三カ国間の経済協力を深化させていけば、関係改善の新たな局面が開けると信じます。

一、相互の信頼関係を強化することで、敏感な問題のマイナス影響を解消する

1　不適切な判断と対処によって、敏感な問題が拡大したことの教訓に学ぶ（中日関係の例）

•一九九六年、中国は台湾海峡にて軍事演習を行ないました。これは、李登輝氏の「台湾独立」を威嚇し、脅威を与えることが目的だったのですが、日本は中国が台湾を攻撃しようとしているものと誤解し、『周辺事態法』を成立させるという対応をとりました。

•二〇〇一年、靖国神社参拝前の小泉純一郎氏に、外務省から「八月一五日」の参拝を回避すれば中国側は反発しないであろうとの誤った情報が伝わりました。結果として、反発に遭って問題の傷口は広がり、参拝が五年連続して行なわれたことによって中日関係は最悪の状態に至りました。

•二〇一〇年、釣魚島（訳注：尖閣諸島の中国側の呼称。本稿ではすべて原文のまま「釣魚島」とする）海域で中日の「漁船衝突事故」が発生しました。日本側は中国側の度重なる交渉と警告を無視して中国船船長を長期間拘留し、両国関係の緊張度は高まる一方となりました（小泉政権下でも同様の事件が発生しましたが、日本側が中国側の乗員を速やかに解放したため、中日関係には影響しませんでした）。

•二〇一二年、野田佳彦内閣が釣魚島を「国有化」し、石原慎太郎氏が島を購入するよりは日中関係に与える影響は少ないなどと一方的な解釈をした結果、中日の対立局面は現在のように深刻なものとなりました。

2　友好と信頼の精神に基づいて、敏感な問題を適切に処理するメカニズムを構築する

•中日、日韓関係が悪化の一途をたどる中にあっては、二国間、あるいは三カ国間のハイレベル交流の促進がいよいよ重要となってきます。これは戦略上の誤解や猜疑心の解消に有益なだけでなく、双方の国民感情の改善にもプラスに働きます。首脳会談の定期開催化の体制づくりを行ない、相互のコミュニケーション強化によって信頼関係を高めることが急務です。

•中日、日韓の外交部門は、両国関係の維持という大局的立場に立ち、敏感な問題について前向きな交渉を行なうなど、「平和友好」の原則のもとで、首脳会談への筋道をつけ、危機管理体制を構築し、敏感な問題の拡大を防ぐなど、建設的役割を果たすよう尽力すべきです。

•歴史認識問題においては、日本は「村山談話」「河野談話」などの政府見解を堅持し、日本国の首相および内閣閣僚は靖国神社への参拝をやめ、中国、韓国の国民感情を刺激し

ないようにすべきです。最も望ましいのは、国会決議という方法で、厳粛に見解を発表することです。

• 領土問題においては、黙約（文書などを取り交わさず、互いの了解のもとに結んだ約束）の遵守、現状維持、平和的処理といった方法を堅持し、一方的な誓約の破棄や現状の変更といった方法を採ってはなりません。領土問題の存在を認めることこそ、釣魚島問題解決への有効な経路であるといえましょう。

二、友好、平和の心で相手国の発展を捉える

1　相手国のイメージを損なうようなプロパガンダや行為を行なわない（中日関係の例）

• 中国経済の急速な発展によって、日本は中国に対しこれまでの均衡が崩れたとの思いに駆られ、これを正面から受け入れられずにいます。また、政治・安全保障分野においては、中国の発展が自国の利益を損なうのではないかと懸念しています。

• 「中国脅威論」を声高にアピールすること、価値観外交、「自由と繁栄の弧」などは、

中国の発展プロセスに対する牽制です。

• 日本の「海外派兵」、「武器輸出三原則」の解禁、「集団的自衛権」行使の主張、自衛隊の国防軍への格上げなどは、中国から見れば「軍国主義の復活」です。

• 日米同盟の強化、アメリカの「アジア回帰」戦略への積極的な加担、東北アジア海域において度々実施される合同軍事演習、ひいては「島嶼奪還軍事演習」は、中国という仮想敵国に焦点を合わせたものと捉えられています。

2 相手国の発展と自国の発展とをリンクさせる

• 中国の高度な経済成長は、世界だけでなく、日本にも莫大な経済的利益をもたらすものです。経済面において、中日両国は「互いになくてはならない」存在であり、すでに「運命共同体」ともいえるウィン・ウィン（双方にとって有益であること）の関係を形成しています。

• 「政冷経熱」の局面を持続させるわけにはいきません。良好な政治的関係は、経済協力関係を深化させる重要な保障となるといえましょう。政治経済での良好な協働関係と相互補完関係の維持、これが中・日・韓三カ国の直面する共通の課題です。

●防衛分野での対話と交流を強化し、戦略上の誤解と猜疑心を解消して、共に東北アジア地域の平和と安定に尽力することです。

●中・日・韓三カ国は、エネルギー、環境問題、金融などの分野で協力するための体制を構築することで、政治・安全保障分野における不確定要素を減少させるべきです。

三、中・日・韓は連携して東アジア経済の一体化を推進すべきである

1　東アジア経済は、すでにグローバル経済に根を下ろしている

●中・日・韓三カ国の経済総量、貿易総額はすでに世界経済の重要な一角を成しており、互いに重要な貿易相手国です。

●中・日・韓三カ国の経済協力レベルは欧米に大きく水をあけられています。ＥＵ（欧州連合）やＮＡＦＴＡ（北米自由貿易協定）のような経済共同体が存在せず、今なお未統合の閉鎖的経済体制下にあります。

- 中・日・韓は各国においてＦＴＡやＥＰＡの二国間交渉を進めていますが、それぞれ単独交渉であるため、産業における相互補完のメリットや、貿易における相互支援能力が極めて抑制されています。
- アジア経済は統合力が比較的弱く、リスク回避能力が若干劣るため、国際的な金融危機がもたらす欧米市場の縮小が、アジア経済全体を大きく揺さぶることになりやすいのです。

２　中・日・韓を中心とする東アジア経済統合が主要な流れである

- 中・日・韓三カ国は、アジア国家としての意識の醸成を重視し、アジア国家の位置づけを明確にし、地域ＦＴＡの構築という統一的思考に至るべく努力すべきです。
- 中・日・韓ＦＴＡなど、地域経済の制度面の整備を強力に推進することは、三カ国の長期的な経済利益に合致するとともに、互いの政治的信頼関係を強化・改善することにも寄与します。
- 中・日・韓は、自国の産業構造をそれぞれ調整し、貿易の障壁を取り払って、中・日・韓ＦＴＡ体制への道筋をつけるプロセスを加速させるべきです。

・アメリカの「アジア回帰」路線を過大視せずに、段取りを踏んで地域経済協力を推進し、アメリカ主導のＴＰＰ（環太平洋経済連携協定）による衝撃を回避する、または減少させるよう努めるべきです。

四、中・日・韓が旗振り役となって東北アジアの安全保障協力体制を構築すべきである

1　東北アジア地域に潜むさまざまな不安定要素

・北朝鮮は核武装の道をあくまで突き進み、ミサイルの発射や核実験の実施を続けることで国際社会の基準線に対する挑発を行なっています。朝鮮半島では、局地的な戦争の起きる可能性がより高まっています。

・日本と中国、韓国、ロシアの三カ国との間には領土紛争が存在しますが、昨年、韓国大統領とロシア大統領が相次いで島に上陸し、視察を行なったことは、双方の政治的な相互信頼と国民感情の改善に影を落としました。

・釣魚島問題では、中国と日本の摩擦が激化しています。日本は領土紛争の存在を認めず、

中国は海洋監視船を派遣して巡航を行なっており、「一触即発」の事態がいつ起きてもおかしくありません。

•韓国と日本の間では島嶼問題と従軍慰安婦問題がエスカレートし続けており、両国国内で民族主義的感情を刺激するなど、両国関係の前途は楽観視できません。

2 東北アジアにおける多国間安全保障協力体制の構築は至上命題

•国連決議によって北朝鮮に圧力をかけ、北朝鮮の核問題についての六カ国協議を再開し、停戦協定に代わる朝鮮半島平和協定を締結することで、安全保障面での北朝鮮への憂慮を解消することです。

•東北アジアにおけるアメリカのプレゼンスを重視し、朝鮮半島の平和維持、東北アジア諸国間の領土紛争緩和などの分野でアメリカが建設的な役割を果たすことを期待します。

•中・日・韓は、政治・安全保障分野でのハイレベル対話の定期的な開催を率先して行ない、「首脳間のホットライン」といった連絡方法を設置するなど、相互信頼関係の確立に努め、戦略上の猜疑心を相互に緩和すべきです。

●中・日・韓は、地域経済協力においてすべての人の利益を最大公約数とし、「東北アジア平和共同体」の構築を目指して、東北アジア多国間の安全保障協力体制推進のため、共に貢献することです。

（翻訳・金永完）

「「平和への権利」の協働を目指して」を読んで

金　容暉

はじめまして。私は、韓国天道教を代表して参加させていただいた金容暉と申します。この度、東北アジアの平和を議論する貴重な場で、山本俊正先生のご発題を受けて論評する機会をいただき、大変嬉しく存じます。

天道教は、一八六〇年、韓国慶州の没落した両班（リャンパン）の水雲崔濟愚（スウンチェジェウ）先生が「輔国安民」（国を助け、民を安んずる）の求道精神に基づいて唱導した韓国生まれの近代新宗教であり、元々「東学」と名付けられていました。天道教は「侍天主」、つまり万有は神（ハヌルニム）を崇め、また万有の中に神聖なるハヌルニムが内在しているという思想に基づいた宗教であります。従って、人間をはじめ、自然万物はすべて神聖なハヌルニムとして敬われるべきとされています。この思想は、階級的秩序で構成された当時の社会に破天荒なメッセージを投げかけました。一八九四年には、人間の尊厳と平等という思想に基づき、当時の暴政に抗拒する運動が起きました。それが正に「東学農民運動」であります。

この事件を契機に、日本と中国が介入することになりますが、朝鮮半島におけるこの両者の覇権争いが激化して起きたのが、日清戦争であります。戦争に勝利した日本は、機関銃と大砲等の武力を行使して東学農民軍の討伐の挙に出ました。この時、虐殺された東学農民軍の数は、およそ三〇万人に上ると推定されています。この歴史的事実に関してはあまり知られておりませんが、実際には、日本が軍国主義的土台をつくり、アジアに「進出」する契機となったのが、この事件であると言えます。このような観点から、東学農民運動は東北アジアの平和を語る際に欠かせない非常に重大な事件であり、また歴史の悲劇的な転換点となる事件でもありました。当時の東学信者や朝鮮民衆の苦難は、言葉では表現し得ないものであったでしょうが、さらにこの事件は、朝鮮半島と東北アジアが歴史の悲劇に巻き込まれる引き金ともなりました。

山本先生は、「平和への権利」という新しい動きを手がかりにして、東北アジアの平和共同体を構築するための共通基盤（common ground）を模索しています。先生は東北アジアの平和共同体がなかなか実現されない原因の一つとして、「分際」をわきまえない生き方、自己中心的な過剰な競争を良しとする価値観を挙げ、「いのちと国際協力」を考える際、他者の「いのち」の尊厳、他者の存在を自己と同様にかけがえのない「他分」の「いのち」として見る視座を基本としなければならないと強調しています。また“Shared Security”を「共にすべてのいのちを守る」と翻訳されたことに意味を与え、平和の実現は、一つ一つがかけがえのないものとして大切にされる、「いのち」の尊重が伴われてこそ可能なものになると力説しています。

続いて、近年、国連の人権理事会で「平和への権利宣言」が準備されている状況を述べられ、平和問題を「権利」として議論し、「人権」として認知することは画期的なことであると強調しています。また先生は、東北アジア平和共同体構築のためには、共同体を構成する一人一人が主体となり、「人権としての平和」を権利として求めることが非常に重要であると指摘しています。平和を脅かすものを克服する主体は、国家ではなく、原則的にわれわれ一人一人が担い手にならねばならないということであります。

最後に先生は、国際協力が「平和への権利」の確立によって進められるものだとすれば、日本の平和憲法がその基軸になれると言い、現与党である自民党が発表した憲法改正草案の中で、憲法第九条第二項が削除されたことは非常に残念なことであるとしています。そして、「日本国憲法」という先駆的な平和憲法が「改悪」されないよう、隣人であるアジアの人々と協働ができないかと、もう一度「いのちと国際協力」を強調することでお話を結んでいます。

私は、「平和への権利」を中心とした山本先生の卓越した見解に心を打たれ、また深く共感させていただきました。特に平和を求める権利を行使するということの実際的効果に言及し、具体的に個人を戦争に強制的に送り込めない、徴兵制に応じず、戦場で武器を取って敵国の兵士を殺すことを拒否する、核兵器の使用や原子力政策に対して、市民や団体が「いのち」の安全を国家に請求するなどを挙げて説明しています。これらの議論に関して、先生がご自身の見解を披露してくださったことに対し、この場を借りて感謝のお礼を申し上げます。そして、先生のご意見とご見解をお伺いしたいという願いから、いくつか質問をさせていただきたいと思います。

—

今、東北アジアには我々の期待とは逆に、反平和的雰囲気が高まっています。日本の場合、平和憲法第九条第二項の削除はもちろん、過去の歴史に対する反省や省察による「いのちと平和への道」に進むよりは、全般的に右傾化し、東北アジアの平和に暗雲が立ち込めています。中国の場合にも、東北アジアの平和のために積極的に努力するより、自国の経済成長やアメリカとの覇権争いに夢中であります。韓国政府も、南北問題を解決する努力や朝鮮半島の平和構築よりも、支持勢力に迎合する保守的な政策を展開しています。従って、済州島における米軍基地建設計画に対する国民の反対にもかかわらず、「我を張って譲らず」、また原発の数を減らすどころか、これからそれを二倍以上に増やす方針で政策を強行しています。韓国の市民社会は、前政権の時代から戦いを続けていますが、政府の傍若無人な態度のために苦戦を強いられ、無気力ささえ感じさせられているのが現状であります。このような時であるからこそ、「平和への権利」の概念に基づいて私たちが実践できるものがあるのではないかと思いますが、具体的にどのようなものがあるのでしょうか。先生のご意見を聞かせていただきたいと思います。どのようにしたら、東北アジアの市民社会と宗教者が連帯して、この雰囲気を逆転させることができるでしょうか。

二

先生は「平和への権利」に向かう動きに最も強力に反対しているのが、いわゆる先進国とされるアメリカとEU諸国、そして日本であると指摘しました。恐らくそれは自国の利益に反するものとされるからでしょうが、結局、平和の問題は自国の利益、具体的には経済成長と衝突するものとされているからであるかと思います。経済成長を成し遂げながら平和も守るというのは、政治家の修辞にしか存在し得ないというお考えですが、この問題に関してはどのようにお考えでしょうか。特に、今の時代は国家主義よりも、むしろ新自由主義の横暴、そして多国籍企業の貪欲の方が、いのちと平和、そして民主主義に悪影響を与えているようです。このような現実的悪に対して、私たちはどのように対抗していけばいいでしょうか。

来年で「東学農民運動」が「二甲子」、つまり一二〇周年を迎えます。東北アジアの反平和的竜巻がこの事件から始まったとしたら、「二甲子」となる年には、東北アジアの市民社会や宗教者の協働と連帯が、東アジアにおけるいのちと平和の道を切り開く大切な契機となり得ることを願いながら、私の論評を結びたいと思います。ご清聴、有り難うございます。

（翻訳・金永完）

いのちと国際協力

大西英玄

一、はじめに

京都清水寺という仏教寺院から参りました大西英玄と申します。此の度は第五回ＩＰＣＲ（韓国宗教平和国際事業団）国際セミナーが初めて日本で開催されるにあたり、ＩＰＣＲ、アジア宗教者平和会議（ＡＣＲＰ）、韓国宗教人平和会議（ＫＣＲＰ）の皆様のご尽力に衷心より敬意を表します。またこの様な貴重なご縁を頂戴しました事、心より感謝申し上げます。

清水寺は七七八年の創建以来、大衆庶民信仰の場として国内外、宗旨、宗派を問わず多くのご参拝を頂いております。また韓国、中国（これより日本語における五十音順に準じて、この順番で話します）の仏教会と仏教友好交流会議として長年三国仏教交流が続いており、当山は同会議日本事務局の任をお預かりしています。それらの経験も踏まえた上ではありますが、今回はあくまでも一青年僧として皆様と思いを共有させて頂ければと願っています。

二、他の存在、そして命に対する人間感情の不平等観

過日、私の住む京都でこの様な事がございました。無免許飲酒運転の未成年の若者が通園中の幼児の列に突っ込み、幼児を含む数名が亡くなりました。誰もが可哀想と被害者やその家族に同情し、加害者である未成年に対して怒りに近い感情を覚えた人も大勢いたでしょう。しかしそれが自分にも起こりうると、心から認識出来た人はいったいどれだけいたでしょうか。

報道で知る火災や災害、事故や事件、我々には往々にして同情は出来ても、どこかで自分には起こらないと思う気持ちが存在します。先の大震災ですら直接的な被災者ではない

西日本に住む我々は、どこかで自分達と被災者の線引きをしてしまっています。誰もが少なからず感じたであろう同情の気持ちの大きさも、対象となる被害者が自らとどれだけ親しみを持つ関係にあるかによって違いが生じます。日常生活においても、困難や不幸に直面された方を目の当たりにした時、家族、親友、知人、他人等、自分との関係によって、相手に対する思いやりの大きさが異なります。要するに当事者でない場合、感情移入の大きさは自分とその対象との距離感に比例しがちです。

動植物をはじめとするその他の生命に対しても同じ事が言えます。例えばペット等我々に近い動物が虐待を受け、不遇な環境に陥っている映像が流れますと可哀想と感じます。しかしスーパーで魚や肉が陳列されていても何も思いません。やはり我々は主観によって他の存在に優先順位、価値付けをします。

三、宗教的観点からの命

多くの日本仏教の代表的な思想の一つに、人間を含む一切衆生に仏性が宿るとする本覚思想がございます。更には古（いにしえ）より自然、命への畏敬の念が尊ばれてきました。また当山住職は命を「見える命」と「見えない命」に分けて表現致します。吹けば飛ぶ様な我々一人の命を、森羅万象あらゆるエネルギーが総がかりで支えている、そのエネルギーこそが「見えない命」であり、これこそ仏と呼ぶにあたる存在ではないかと思うのです。つまり命を仏とし、我々を生かしてくれる命の布施に対して感謝と慈悲の心を持つ、そうして私的な主観を超えた宗教的平等観を養おうと勤める重要性が説かれます。

四、グローバル社会における三国交流

グローバル社会となり、世界はより身近になりました。鑑真和上や空海、最澄をはじめ我々の先師達が命をかけて渡った韓国や中国は、今や地理的にも経済的にも特に近しい国です。同時に両国での出来事はもはやどこか異国の話ではなく、自分達が住む地域の様に、すぐ隣の出来事です。韓国、中国、日本はこうして深い関係性のもと、相互依存によって存在していると考えます。

国際交流と聞くと、何か遠くの人との交流のイメージがしますが、もはやそうではありません。形式的なやりとり、定型文の挨拶の交換だけではもう交流と呼べません。すぐ隣人の好みの食べ物を知る様に、我々はより民間レベルでの、誠の交流の場を持つ必要があり、また各国政府は自国の国民にその機会を設ける必要があると思います。言い換えるならば、出来るだけ沢山の小さな縁の入口を創る事です。更には文化、技術交流、交換留学奨励、諸宗教対話や平和協力体制の確立等、その出発点は個人規模の旅行でも良いと思います。互いにもっと知り、向き合う事、それがまだ絶対的に足りていないのではないかと考えます。まずもって交流の厚み、数、頻度を更に増やす事で、我々の中にある潜在的な「地域」という概念をもっと広げる、両国は隣国でもありますが、言ってみれば今はもう同じ地域に生活しているという事を認識する必要があるのではないでしょうか。

伺った話ですが、ある会で中国の代表選手が中国人と日本人が仲良くする為にどうしたらいいですかと聞かれると、「食事の席などでタバコかお酒を勧める事だと思います」と答えられました。韓国や中国では自酌は原則的にしないそうです。飲みたい時は周りに勧めるか、乾杯を提案するそうです。そういえば私もアメリカ留学の間、両国の友人達が食事の席で何回も乾杯を求めてきたのを思い出します。日本では大体初めに一回乾杯するだけです。これは互いに仲良くなる為の両国の智慧だと感心しました。

五、宗教者の役割

日本では社寺をはじめとする宗教法人がその公共性を活かし、地域の人と人とを繋ぐ場でありました。祭や伝統的習慣の多くもまた、絆や共同体意識の創造に寄与して参りました。同様に今度は地域の幅を更に広げ、三国を一つの地域として、誠の共同意識を創造していく為に、三国の宗教者がその公共性を活かす事が大切だと思います。それは先程申し上げました多岐に亘る交流の斡旋、諸団体への呼びかけ、また信者や一般参拝者への伝達など、組織の規模に関わらず、宗教者誰しもが出来る事が数多くあると考えます。

そんな事は既にしていると思われる方もいるかもしれません。例えば、コカ・コーラを知らない人はほとんどいないでしょう。それでも毎日コマーシャルや広告を至る所で目にします。三国の交流、協力の重要性は多くの方が認識している事とは言え、とても十分とは言えません。日々訴え続ける事、小さな縁を築いていく事、三国の誠の絆の構築はまだ土台づくりの段階に過ぎないと思います。

六、まとめ

習慣、環境、価値観が皆違う者同士で「あなたの為にこうして言っているのに、どうして分からないの」と怒る方がおられます。これは「あなたの為」ではなく、むしろ、相手が自分の希望通り行動しなかった事で相手に対して怒っている場合が多いと思います。教学、教義は違えども、多くの宗教において、相手に対して思いやりをもって縁や絆を結ぶ事、そして命に対しての感謝、畏敬の念、宗教的命の平等観の重要性に異を唱えるものは無いでしょう。それらを伝える我々だからこそ、真の国際協力関係に積極的に寄与していくべきだと思います。それこそまさに宗教が説く命の哲学、「いのちと国際協力」に値するのではと考えます。

皆が家族や大切な方を思い、健康と安全、安心と平和を共に願う、あくまでも共通の人間であるという認識、これは国と国ではなく、人と人という意識を持って向き合う事で芽生えるものだと思います。その認識の下、我々がいつか誠の共同体となります事を念じまして私の発表を終わらせて頂きます。御清聴、誠に有り難うございました。

「「平和への権利」の協働を目指して」に対する論評

梁　徳昌

山本俊正先生は、旧約聖書の「創世記」を引用しながら、神にかたどって創造された人間の神性と人性を説明しています。この人間の尊厳さは、国家や人種の領域を乗り越えるという点において共同体的性質を持つと理解されています。この観点から見ると、東北アジア平和共同体を構築するための共通基盤はすでに存在していると言うことができます。

全地球における四四〇カ所の原発の中で、一九七九年のスリーマイル島（アメリカ）、一九八六年のチェルノブイリ（旧ソ連）、そして二〇一一年の福島（日本）の原発で大規模の事故が起きました。特にチェルノブイリと福島の事故は、広範囲にわたって放射性物質による汚染をもたらしました。これらの事故の処理はいまだ終わらず、いつ処理が終わるか見通しも立たない状況にあります。

例えば、原子炉一基に対し、一〇〇〇年に一度事故が起きると仮定してみましょう。この仮定を全世界四四〇基の原子炉に適用してみると、二、三年に一度は世界のどこかで事故が起きるということになりますが、実際は一〇年に一度、大規模の事故が発生したことになっているのが現状であります。さらに、今も世界のどこかで発生している戦争や自然破壊などは、我々にとって直接的な関係はないとしても、食べ物や気候などの環境的要因として間接的に影響を受けているのではないでしょうか。

放射性物質は、いかなるものによっても除去されることはなく、制御すらできないのです。広島や長崎で被爆された韓国人生存者の二世代は、同年輩の一般人に比べて、貧血になる確率は八八倍、心筋梗塞や狭心症は八一倍、うつ病は六五倍、統合失調症は二三倍、喘息は二六倍、甲状腺関連疾患は一四倍も高くなっているそうです。放射性物質は毒性が強く、健康への影響や被害は甚だしいものですが、それを遮断し制御する方法はありません。放射性物質は人間のいかなる技術でも制御不可能ということから、それ自体が大きな災害であると言えます。

自然環境は神から授けられた恵みであり、これを利用する我々は未来世代を含む全人類に対して責任を持たなければなりません。自然環境は、人間が意のままに利用しても良しとされる単なる原料ではなく、驚嘆に値する造り主の作品であります。これを我々が授かっているのであります。自然は、きちんとした目的や基準に基づいて利用しなければならず、無分別に搾取してはなりません。これは、自然の中に潜んでいる公式ということができます。

核分裂を通じた原子力発電は、人間が取り扱える自然の限界を超えるものであります、原発は、人間の技術で制御し得ない放射性物質を絶えず量産しています。核廃棄物はほぼ永久的ともいえるほど長く存続される放射能を保ったまま、蓄積されています。それによって土壌や地下水が汚染されると、人類だけではなく、生態系全体がその生存の危機にさらされることになりますが、それを解決する方法は存在しません。これは我々全体のいのちと生存に関わる問題であるだけに、今や原発を根本的に再検討し、その代替方法を模索していかなければなりません。

我々は、自分の便益と経済的利益のために多くの人々の命に脅威を与える物質をつくることを中断すべきです。エネルギーの不節制な使用を美徳とする現代文明や消費至上主義的文化を、真摯に見直さなければなりません。二四時間稼働している自動販売機を使わないだけでも、原発一カ所を廃棄できると言われています。それほどエネルギーを消費する必要があるのか、エネルギー使用の現状を再検討すべきであります。

我々は破壊された自然を未来世代に残してはいけません。未来世代も引き続き土地を耕し、しかも豊饒な人生を営むことができるように、大地を保存して次の世代に伝える義務が我々に課せられているのです。

現在、日本の安倍晋三政権は現行の「平和憲法」の改正を推進しています。現行の「日本国憲法」第九条の特徴は、戦争の放棄と紛争に対する武力的解決を採らないこと、そのための戦力を保有しないということであります。今まさに、この内容を改正しようとしているのであります。「平和憲法」は、そのまま維持されるべきであります。

もし日本が憲法を改正して軍隊を保有し、軍備を強化する場合、現在享受している安定すら維持されなくなるおそれがあります。日本の軍備拡張は、周辺国との軍備争いをもたらし、それによる軍事的緊張状況も、我々には想像できないほど深化させていくでしょう。現在、東北アジアの平和、そして緊張緩和を維持していくための唯一の道は「平和憲法」を維持することであります。そしてなによりも、日本が「平和憲法」の内容を維持する限り、戦争に巻き込まれたり、自ら直接戦場に飛び出すことはないということが保障されます。日本は今も、これからも、「平和憲法」の維持を通じて平和を守っていかなければなりません。これこそ、日本が歩み続けていくべき道なのであります。戦争の放棄を明示した現行の「平和憲法」を維持する限り、周辺国や世界の国々も日本をきちんとした国家として待遇するでしょう。

このような時だからこそ、韓・中・日の宗教者が東アジアの平和と協力、そして人間の尊厳のために宗教の本質的観点からの実践を求め、連帯を結んで共同体構築の実現に向けて努力していく必要があります。東アジアの平和と協力のために連帯し、それを具体的に実践すべくこのセミナーで宣言するのはいかがでしょうか。

具体的な実践方法としては、まず東北アジアの平和と和解のための宗教指導者の祈りの会を定期的に開催することを提案します。なぜなら、祈りこそ我々宗教者の力の根源であるからであります。二つ目は、戦争、核保有、自然破壊などを克服するための東北アジア宗教者のキャンペーンを実施することであります。戦争抑制のための平和や和解運動、エネルギー節約や新エネルギー開発の支援など、平和を守るための宗教者キャンペーンを、東北アジア宗教者が共に行なうこともできると思います。

（翻訳・金永完）

【監修者紹介】

山本俊正（やまもと・としまさ）

1952年（昭和27年）、東京都に生まれる。立教大学法学部卒業。関西学院大学商学部教授および宗教主事、日本基督教団ロゴス教会主任牧師等を務める。東京ＹＭＣＡ主事を経て米国カリフォルニア州バークレー太平洋神学校に留学、ハワイ州ハリス合同メソジスト教会の副牧師、日本キリスト教協議会（NCC）総幹事を歴任。

著書に『アジア・エキュメニカル運動史』（新教出版社）等、訳書にローレンス・L・ラクーア『神との冒険――ラクーア自伝――』（キリスト新聞社）等があるほか、論文が多数ある。

【監訳者紹介】

金　永完（キム・ヨンワン）

1967年、韓国に生まれる。法学博士（中央大学）。韓国監理教（メソジスト）神学大学神学部及び高麗大学法学部を卒業、日本国際大学（IUJ）に留学。同大学大学院国際関係学研究科を修了後、中央大学大学院法学研究科博士後期課程に進み、比較法学及び比較宗教文化論を専攻。その後、中国政法大学に留学。日本中央学術研究所特別研究員、中央大学法学部兼任講師、中国人民大学法学院専任講師を経て、中国山東大学法学院副教授を務める。

著書に『中国における「一国二制度」とその法的展開――香港・マカオ・台湾問題と中国の統合――』（国際書院）その他、訳書・論文多数。IPCR国際セミナーにおいて発表された韓国語・中国語論文の日本語監訳に従事（2010年～現在）。

【組織紹介】

韓国宗教平和国際事業団
（International Peace Corps of Religions：IPCR）

韓国宗教平和国際事業団（IPCR）は、世界宗教者平和会議（WCRP）の韓国委員会である韓国宗教人平和会議（KCRP）内にある、平和活動を行なうための法人。

世界宗教者平和会議日本委員会
（World Conference of Religions for Peace Japan：WCRP Japan）

世界宗教者平和会議（WCRP、また Religions for Peace とも略称する）とは、1970 年に設立された宗教者による国際組織。国連経済社会理事会に属し、総合協議資格を有する非政府組織（NGO）である。その理念は、世界の宗教者が手を取り合い、世界の人々が民族・伝統・考え方・意見等々あらゆるものの違いを認め合い、尊重しながら、平和に生きていける社会を実現しようとするというものである。現在 WCRP には、国際委員会をニューヨークに、さらに約 90 カ国に国内委員会があり、宗教や宗派を超えて平和実現のために協力する世界的なネットワークが構築されている。

日本における国内委員会が「WCRP 日本委員会」である。同委員会は、1972 年に財団法人日本宗教連盟の国際問題委員会を母体として発足した。その具体的な活動は、国内のみならずアジア地域において、紛争地の難民支援・人権活動の支援・紛争和解の支援・紛争後の教育や開発の支援・自然災害時の緊急支援等々を行なっている。また、国連やユニセフなどの国際機関との協力体制づくりを進めるとともに、WCRP 国際委員会と連携しつつ独自の平和活動を展開して今日に至る。

【執筆者紹介】（掲載順）

卞　鎭興（韓国）
BYUN Jin-Heung（ビョン・ジンホン）
韓国宗教人平和会議（KCRP）事務総長。

金　英周（韓国）
KIM Young-Joo（キム・ヨンジュ）
韓国キリスト教教会協議会（KNCC）総幹事。韓国宗教人平和会議（KCRP）共同会長。

黄　信陽（中国）
HUANG Xinyang（ファン・シンアン）
中国宗教者和平委員会（CCRP）副事務総長。中国道教協会副会長。

眞田芳憲（日本）
SANADA Yoshiaki
中央大学名誉教授。世界宗教者平和会議（WCRP）日本委員会平和研究所所長。

李　賛洙（韓国）
YI Chan-Su（イ・チャンスー）
韓国ソウル大学統一平和研究所研究員兼 HK 研究教授。

華　夏（中国）
HUA Xia（ファ・シャ）
中国政法大学比較法学研究院教授。

性圓（韓国）
Sung-Won（ソンウォン）
韓国曹渓宗本部社会活動局副局長。

薗田　稔（日本）
SONODA Minoru
京都大学名誉教授。秩父神社宮司。世界宗教者平和会議（WCRP）日本委員会理事。

馬　玉祥（中国）
MA Yuxiang（マー・ユシャン）
中国宗教者和平委員会（CCRP）副部長。

山本俊正（日本）
YAMAMOTO Toshimasa
関西学院大学商学部教授兼宗教主事。世界宗教者平和会議（WCRP）日本委員会理事。

馬　俊威（中国）
MA Junwei（マー・ジュンウェイ）
中国現代国際関係研究院日本研究所副所長。

金　容暉（韓国）
KIM Yong-Hwi（キム・ヨンフィ）
韓国高麗大学教授。

大西英玄（日本）
OHNISHI Eigen
音羽山清水寺執事補。世界宗教者平和会議（WCRP）日本委員会活動委員兼青年部会幹事。

梁　徳昌（韓国）
YANG Deok-Chang（ヤン・ドクチャン）
韓国宗教平和国際事業団（IPCR）理事。

東北アジア平和共同体構築のための
課題と実践
――「IPCR 国際セミナー 2013」からの提言

2016年8月30日　初版第1刷発行

著　　者　韓国社会法人宗教平和国際事業団
　　　　　公益財団法人世界宗教者平和会議日本委員会
監 修 者　山本俊正
監 訳 者　金　永完
編集責任　中央学術研究所
発 行 者　水野博文
発 行 所　株式会社佼成出版社
　　　　　〒166-8535　東京都杉並区和田2-7-1
　　　　　電話 (03) 5385-2317 (編集)
　　　　　　　 (03) 5385-2323 (販売)
　　　　　http://www.kosei-shuppan.co.jp/
印 刷 所　錦明印刷株式会社
製 本 所　錦明印刷株式会社

ISBN978-4-333-02739-2　C0214

「アーユスの森新書」の刊行にあたって

アーユスとはサンスクリット語で「いのち」「生命」などを意味する言葉です。「アーユスの森」という言葉には、大自然の森に生かされて生きている人間の原風景があります。いのち溢れる土壌のもとに、森の多種多様な生き物の「いのちの呼応」が、豊かないのちの森の絨毯を織りなしています。

「アーユスの森新書」では、あらゆるものの中に潜むいのちを見つめ、私たち「生きとし生けるもの」がどのように自分のいのちを燃やしていけばよいのか、を問いかけていきます。そのために身近な出来事を含め生老病死の問題とどう向き合って生きていくか、という個人の生き方から、現代世界、現代社会が直面しているグローバルな諸問題まで、仏教学者や宗教学者など専門家だけではなく「いのちの森に共に生きる」さまざまな立場から取り上げます。

読者も専門家も「いのち」の大切さや不思議さを共に感じ、考え、生きていることを味わえる場にしていきたい。そして、青少年・学生・一般読者の皆様と共に生きる「アーユスの森新書」でありたいと願っています。

中央学術研究所は、これからも各専門分野の研究に取り組むだけではなく、その成果を少しでも多くの方と分かち合うことにより、よりよき社会・世界の平和へと微力ながら尽くして参ります。

中央学術研究所

（二〇一〇年五月改訂）